Inhalt

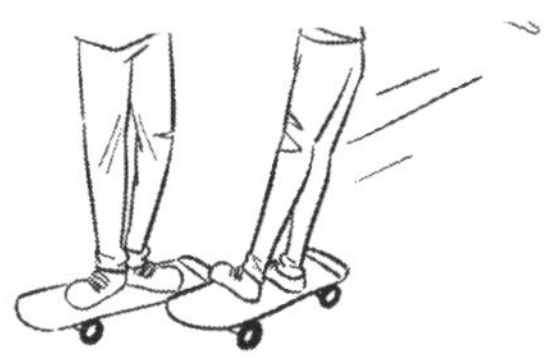

Einleitung

Endlich Teenager! Ab jetzt startest du in einen aufregenden, aber gleichzeitig auch herausfordernden neuen Lebensabschnitt: Stress mit Lehrern, Beef mit Mitschülern, dein Körper, der sich verändert, der erste Liebeskummer, Aufschieberitis und schlechte Noten sind nur einige der Dinge, die dich bedrücken können. Hier stehst du vor wesentlichen Fragen, Herausforderungen und wichtigen Learnings, die dein weiteres Leben maßgeblich beeinflussen können. In dieser Phase solltest du lernen, selbstbewusst zu dir selbst zu stehen, aber auch bestimmte Fehler zu vermeiden: Die richtige Herangehensweise an Probleme mit den passenden Tools kann dir einigen Kummer ersparen. In diesem Buch erfährst du mehr über diese und viele weitere Themen und erhältst mit den 101 Life-Hacks wichtige praktische Tipps und Hinweise, die dich auf deinem spannenden Weg begleiten können!

Auch Cyber-Mobbing, das erste eigene Konto, Partys, Gruppenzwang und die erste Liebe sind weitere Herausforderungen, die nun vielleicht von dir bewältigt werden müssen. Zudem stellen sich in dieser entscheidenden Phase wichtige praktische Fragen: Wie gehe ich verantwortungsvoll mit Geld um, wie finde ich einen Ferienjob oder wie helfe ich jemandem, der in meiner Klasse gemobbt wird? Vielleicht interessieren dich auch Fragen in Bezug auf wie man sich gesund ernährt, ob sich der eigene Körper wirklich „normal entwickelt" oder aber ob man als Teenager ein Start-up gründen kann und welche Rechte und Pflichten man jetzt überhaupt hat?

Du fühlst dich plötzlich nicht mehr wohl in deinem Körper und deine Eltern und Lehrer nerven dich nur noch? Du hast das Gefühl, dass dich sowieso niemand mehr versteht und willst lieber alleine sein und deine Ruhe haben? Herzlichen Glückwunsch, du bist eindeutig in der Pubertät.

Keine Angst, die Phase, in der du dich jetzt befindest, hält nicht für immer an. Dein Körper und dein Gehirn stellen sich von kindlich auf erwachsen um. Dabei werden viele verschiedene Hormone ausgeschüttet, und im Gehirn sterben Nervenverbindungen ab, damit sich neue Verknüpfungen bilden können. Diese Prozesse vollziehen sich nicht reibungslos über Nacht, sondern können mehrere Jahre für starke Turbulenzen sorgen. Nebenbei musst du jetzt täglich neue Herausforderungen meistern, weil du kein Kind mehr bist, sondern nach und nach immer mehr Verantwortung übernehmen darfst. Die Schule stresst dich, und bald steht schon die Berufswahl an. Auf dem Weg in die Selbstständigkeit, der schon schwierig genug ist, überrascht dich vielleicht auch noch die erste Liebe – Gefühlschaos vorprogrammiert! Im Moment weißt du noch gar nicht so genau, wer du bist und wer du sein möchtest. Da ist selbst das Verliebtsein höchst kompliziert, weil deine Selbstzweifel und deine Schüchternheit dir dauernd im Weg stehen.

Kein Wunder, wenn du dich nur noch verstecken, dir die Bettdecke über den Kopf ziehen und stundenlang Musik hören möchtest. Aber keine Sorge, es gibt für jedes Problem eine Lösung, und du hast ganz viel Zeit zum Lernen. Du brauchst nicht perfekt zu sein und kannst dich mit Fragen an deine Eltern oder andere Vertrauenspersonen wenden. Alle Menschen, die heute erwachsen sind, haben sich einmal genauso gefühlt wie du. Dass dich niemand versteht, kann gar nicht stimmen.

Dieses Buch soll dir dabei helfen, die Vorgänge in der Pubertät besser zu begreifen und mit den Herausforderungen des Teenageralters besser fertig zu werden. Außerdem kannst du schon jetzt damit anfangen, all das zu lernen, was du als Erwachsener bald können solltest. Hier bekommst du Tipps und praktische Anleitungen, um deine Hausaufgaben selbstständig zu erledigen, Aufschieberitis zu überwinden, dein Zimmer in Ordnung zu halten, im Haushalt mit anzupacken und vernünftig mit Geld umzugehen. Aber auch auf deine körperliche und seelische Gesundheit musst du jetzt besonders gut achten. Informiere dich, welches Gewicht für dich normal ist, wie viel Schlaf und Bewegung du brauchst, wie du dich möglichst gesund und ausgewogen ernähren kannst und wann du zum Arzt gehen musst.

Dazu gibt es in diesem Buch auch Strategien für erfolgreiches Lernen und jede Menge Ideen für sinnvolle und spannende Aktivitäten in deiner Freizeit. Außerdem erfährst du, warum gute Beziehungen zu Familie und Freunden wichtig sind und wie du sie pflegen kannst. Wenn du alle diese Basics schon beherrschst, kannst du dir auch die schwierigen Challenges vornehmen: Lerne, wie du richtig auf Mobbing reagierst und mit schwierigen Menschen umgehen kannst. Versuche, deine Schüchternheit zu überwinden und einen Jungen oder ein Mädchen anzusprechen. Wenn du ein paar Mal geübt hast, aus dir herauszugehen, kannst du sogar auf einer Party Spaß haben, auf der du niemanden kennst.

Je häufiger du dich neuen Herausforderungen stellst und sie meisterst, desto stärker und sicherer wirst du dich fühlen. Dann bist du auf dem besten Weg, ein glücklicher und zufriedener Mensch zu werden. Denn die Grundvoraussetzungen dafür sind ein starkes Selbstbewusstsein und ein gesundes Selbstwertgefühl. Beneide andere Teenager nicht, weil du sie vermeintlich hübscher oder klüger findest als dich. Anstatt dich zu vergleichen, mach dir lieber klar, wo deine Stärken und Vorzüge liegen. Du bist gut so, wie du bist! Und alles, was du noch nicht kannst, wirst du ab jetzt lernen. Fang gleich damit an!

Mein Körper:

Help! What's happening?

Mein Körper verändert sich (Mädchen und Jungs)

Help! What's happening? Bei Jungen beginnen die körperlichen Veränderungen etwa ab dem 11. Geburtstag. Plötzlich schießt du in die Höhe und deine Schultern werden breiter. Das liegt am Wachstumshormon Somatotropin. Auch deine Muskeln nehmen zu, und deine Geschlechtsorgane beginnen zu wachsen. Das Sexualhormon Testosteron sorgt dafür, dass deine Hoden größer werden und sich eventuell dunkel verfärben. Das ist ein ganz normaler Vorgang, über den du dir keine Gedanken machen musst. Auch der Penis wächst jetzt rasend schnell, nämlich von durchschnittlich 5 cm auf etwa 12 cm bis zum 14. Lebensjahr.

Bei Mädchen fangen die Veränderungen des Körpers schon mit ungefähr 10 Jahren an. Zuerst bilden sich die sekundären Geschlechtsorgane aus, das merkst du daran, dass du einen Brustansatz bekommst. Dein Körper wird größer, aber nicht immer wächst du gleichzeitig in die Höhe und in die Breite. Vielleicht hast du zwischendurch kleine Fettpölsterchen an Bauch und Po. Versuche bloß nicht, mit Diäten dagegen anzukämpfen, sondern warte erst einmal ab. Wahrscheinlich werden die Röllchen nämlich mit dem nächsten Wachstumsschub von selbst verschwinden. Nach einer Weile sieht dein Körper weiblicher aus, weil du Brüste, Taille und Hüften bekommen hast. In der zweiten Phase der Pubertät, meistens mit 12 oder 13 Jahren, setzt bei Mädchen die Periode ein. Aber dies ist nur ein Durchschnittswert, jedes andere Alter zwischen 9 und 15 Jahren liegt genauso im normalen Bereich.

Bestimmt hast du Angst, dass du die erste Monatsblutung nicht im Voraus bemerkst und in einem unpassenden Moment bekommst. Aber du kannst anhand der Vorzeichen schon absehen, wann es ungefähr so weit sein wird. Etwa ein Jahr vor der ersten Blutung tritt der sogenannte Weißfluss auf, den du an weißen oder gelblichen Flecken in deinem Slip erkennst. Diese nützliche Flüssigkeit transportiert alle Keime, die eventuell in die Scheide gelangt sind, wieder aus dem Körper nach außen. Wenn du schon seit einigen Monaten Weißfluss hast, kannst du damit anfangen, Slipeinlagen zu tragen. Dann können die ersten Blutstropfen nicht danebengehen.

Stimmbruch, Haarwuchs, Stimmungsschwankungen

Bei Jungen vergrößern sich der Kehlkopf und die Stimmlippen in kurzer Zeit sehr stark. Plötzlich klingt deine Stimme rau und krächzend und manchmal springt sie ohne Vorwarnung zwischen tiefen und hohen Tönen hin und her. Das muss dir nicht peinlich sein, denn jeder männliche Erwachsene hat diese Zeit auch durchgemacht. Im Schnitt dauert der hörbare Umstellungsprozess deiner Stimme nur etwa neun Monate. Wenn du Glück hast, ist deine neue tiefe Stimme schon nach sechs Monaten voll da. Auch Mädchen haben einen Stimmbruch, der aber meistens unbemerkt bleibt. Der weibliche Kehlkopf wächst weniger, und die Stimme wird nur um eine feine Nuance dunkler. Während die Jungenstimme sich um etwa eine Oktave nach unten verschiebt, ist es bei Mädchen nur eine Terz.

Ein Schock für alle Teenager, ob männlich oder weiblich, ist der plötzliche Haarwuchs am Körper. Überall entdeckst du Haare: unter den Achseln, im Schambereich, an den Beinen, auf den Unterarmen, vielleicht auch im Gesicht. Eigentlich wachsen nicht überall plötzlich so viel mehr Haare, sondern die feinen, hellen Kinderhärchen, die an vielen Stellen schon immer da waren, werden dichter und dunkler. Du wirst dich daran gewöhnen. Und wenn sie dich stören, kannst du sie entfernen.

Die Veränderungen bleiben aber nicht auf den Körper beschränkt, auch deine Psyche ist betroffen. Wahrscheinlich merkst du selbst, dass dir viele Dinge, die du früher mochtest, plötzlich keinen Spaß mehr machen. Du spielst nicht mehr mit Barbiepuppen oder Lego, sondern möchtest öfter Zeit für dich haben und nicht ständig mit deinen Eltern abhängen. Eltern und Lehrer nerven dich sowieso, und mit dir selbst bist du auch nicht mehr wirklich zufrieden. Außerdem fühlst du dich häufig schlapp und hast zu gar nichts Lust. Als Kind warst du immer schon früh morgens hellwach und voller Energie. Jetzt kommst du kaum noch aus dem Bett.
Aber die Pubertät hat auch gute Seiten: Im Gehirn öffnen sich plötzlich neue Türen, dein Gedächtnis wird leistungsfähiger und du hast jetzt die Chance, viele Fähigkeiten zu erlernen, von denen du lebenslang profitierst. Außerdem bist du endlich in der Lage, die Risiken deiner Handlungen abzuschätzen und deine Emotionen unter Kontrolle zu bekommen.

Hormone, Hormone, Hormone

Für all den Schlamassel sind Hormone verantwortlich, das sind kleine Boten, die Nachrichten vom Gehirn in alle Teile des Körpers überbringen und den Organen sagen, was sie zu tun haben. In der Pubertät spielen vor allem die Sexualhormone Testosteron, Östrogen und Gestagen eine Rolle. Sowohl Jungen als auch Mädchen haben alle diese Hormone in sich, aber in unterschiedlichen Zusammensetzungen. Bei jungen Männern steht das männliche Sexualhormon Testosteron im Vordergrund, den Hormonhaushalt einer Frau steuern vor allem Östrogene und Gestagene. Dazu kommt bei allen das wichtige Hormon Melatonin, das den Schlaf-Wach-Rhythmus beeinflusst. Du brauchst dich also nicht zu wundern, wenn du morgens erst zwei Stunden später in die Gänge kommst als gewohnt.

Die Pubertät ist kein Dauerzustand, sondern eine Phase der Umstellung, die sich über mehrere Jahre erstreckt. Zwischen den verschiedenen Hormonen, die der Körper jetzt in großen Mengen produziert, kann es immer wieder zu Ungleichgewichten kommen. So kann ein zu hoher Testosteronspiegel bei Mädchen dazu führen, dass sie Akne oder Gesichtsbehaarung bekommen. Jungen, die zu viel Östrogen bilden, entwickeln vielleicht einen Brustansatz. Alle diese Nebenerscheinungen sind nicht besonders schön, aber völlig harmlos. Und spätestens nach dem Ende der Pubertät sind sie meistens wieder verschwunden.

#1 **Kein Stress!** *Denk immer daran: Die Pubertät ist nur eine Phase, die vorübergeht! Auch wenn es dir vielleicht schwerfällt: versuche gelassen zu bleiben und dich von den aufregenden Veränderungen nicht allzu sehr stressen zu lassen.*

#2 **Keine Angst,** *wenn dein Körper schneller wächst als du – bald holst du ihn wieder ein. Vergleiche dich zudem nicht zu sehr mit anderen, du bist gut so, wie du bist!*

#3 **Auf deine erste Periode** *kannst du dich vorbereiten: Wenn du möchtest, kannst du im Voraus damit beginnen, Slipeinlagen zu tragen. Dann fühlst du dich sicher und es geht nichts daneben, wenn es so weit ist. Wichtig: schäme dich nicht für die Veränderungen deines Körpers!*

#4 **Stimmbruch?** *Leider kannst du ihn weder vermeiden noch beschleunigen. Freu dich, dass er schnell vorbeigeht und du eine schönere neue Männerstimme bekommst.*

#5 **Du bist kein Zombie** – *Körperbehaarung gehört zum Erwachsensein dazu! Du entscheidest, ob du sie entfernen möchtest oder nicht. Mach dir hier keinen Druck. Du brauchst keinem Schönheitsideal nachzujagen!*

#6 **Sieh die guten Seiten der Pubertät:** *Du bist jetzt besonders lernfähig, kannst Risiken abschätzen und deine Emotionen kontrollieren. Zudem startest du in eine besonders aufregende neue Lebensphase! Freu dich auf die Herausforderungen, die auf dich zukommen.*

Körperhygiene

Kannst du dich plötzlich selbst nicht mehr riechen? Kein Wunder! Während Babys und Kinder nur zart duften, entwickeln Teenager einen intensiven Schweißgeruch, der ihrer gesamten Umgebung auffällt. Die Hormonumstellung verstärkt die Ausdünstungen, und gerade im Achsel- und Schambereich siedeln sich jetzt vermehrt Bakterien an. Deshalb ist es wichtig, dass du dir in der Pubertät eine regelmäßige Körperhygiene angewöhnst. Übertreibe es aber nicht mit stark parfümierten Pflegeprodukten aus der Chemiefabrik. Viele moderne Wasch- und Duschgels schädigen den natürlichen Schutzmantel der Haut und trocknen sie auf Dauer aus.

Setz lieber von Anfang an auf milde, möglichst naturbelassene Pflegeprodukte, die ohne Farb-, Duft- und Konservierungsstoffe auskommen. Probiere zum Beispiel Naturseife aus Pflanzenöl aus, die eine leicht rückfettende Wirkung hat. Dann bleibt deine Haut im Gleichgewicht, und du musst dich nur selten eincremen. Wenn deine Haut trotzdem einmal trocken ist, kannst du einen Klecks Körperlotion auftragen oder auch ganz auf Natur setzen und dich mit einem pflegenden Öl einreiben.

Was du jetzt unbedingt brauchst, ist ein gutes Deodorant oder Antitranspirant, damit das frisch geduschte Gefühl länger anhält. Es gibt zahlreiche Produkte mit unterschiedlicher Wirkungsweise. Die klassischen Deodorants überdecken den Schweißgeruch nur mit einer angenehmen Duftnote, helfen aber nicht gegen die Schweißentwicklung. Antitranspirantien wirken dagegen hemmend auf die Schweißdrüsen ein: Du schwitzt weniger, die Bakterien finden kaum Nahrung, und du entwickelst keinen starken Körpergeruch. Alle diese Produkte können aber Stoffe enthalten, die deine Haut reizen. Achte beim Kauf unbedingt auf gute Verträglichkeit. Du kannst dich im Internet informieren und dich in der Apotheke oder Drogerie beraten lassen.

Tipps für die Körperpflege:

- Dusche, wenn du möchtest, einmal am Tag und trage danach ein verträgliches Deodorant oder Antitranspirant auf.
- Reinige deinen Intimbereich nur mit milden, möglichst pH-neutralen Produkten oder nur mit Wasser. Hier ist weniger mehr!
- Wasche deine Haare, wenn sie dir fettig erscheinen oder sichtbar verschmutzt sind.
- Putz dir mindestens zweimal am Tag die Zähne und versuche regelmäßig Zahnseide für deine Zahnzwischenräume zu benutzen.
- Wasche dir, wenn du von draußen nach Hause kommst und nach jedem Benutzen der Toilette die Hände mit einer milden Seife.
- Folge nicht blind irgendwelchen übertriebenen Hygienetrends, informiere dich und geh die Dinge mit Augenmaß an, damit liegst du meistens richtig.

Haarentfernung

Müssen alle Körperhaare unbedingt weg? Heute liegt absolute Haarlosigkeit im Trend, das war aber nicht immer und überall so. Erst seit dem 20. Jahrhundert entfernen Frauen in unserem Kulturkreis sich die Körperhaare. Wenn dich deine Haare stören, dann rasiere dich. Wenn nicht, lass es bleiben. Du musst nicht zwanghaft einem Ideal nacheifern, das in den Medien propagiert wird. Solange es im Winter unter dicken Kleiderschichten niemand sieht, brauchst du es auch mit der Haarentfernung nicht zu übertreiben. Die meisten Mädchen entfernen sich die Scham- und Achselhaare zum ersten Mal, wenn sie schwimmen gehen möchten und Haare aus dem Badeanzug oder Bikini hervorgucken. Jungen fangen beim ersten Bartflaum an, sich zu rasieren, und gehen später auch gegen störende Körperbehaarung vor.

Es gibt viele effektive Methoden der Haarentfernung, zum Beispiel das Epilieren, das Waxing mit Kalt- oder Heißwachs und das Sugaring mit Zuckerpaste. Daneben gibt es Enthaarungscremes sowie die klassischen Nass- und Elektrorasierer. Epilation und Waxing sind bei den ersten Anwendungen besonders schmerzhaft und deshalb nicht für junge Einsteiger zu empfehlen. Enthaarungscremes können Chemikalien enthalten, die deine Haut und Gesundheit schädigen. Deshalb solltest du für den Anfang zu einem Rasierer greifen. Die Nassrasur ist besonders gründlich, aber du kannst dich dabei schneiden. Wenn du Angst vor Verletzungen hast, dann fang mit einem Elektrorasierer an. Du kannst deine Haut mit einem Peeling auf die Rasur vorbereiten. Danach trägst du Rasierschaum oder Rasiergel auf und beginnst vorsichtig mit dem Rasieren.

Hilfe, Akne! Was tun?

Pickel in der Pubertät haben nichts mit mangelnder Hygiene zu tun. Im Gegenteil: Wenn du dich zu häufig mit aggressiven Mitteln wäschst, zerstörst du den natürlichen Säureschutzmantel der Haut, und deine Akne kann sich sogar verschlimmern. Pickel und Mitesser werden bei Teenagern unter anderem durch einen Überschuss der männlichen Geschlechtshormone ausgelöst. Das hormonelle Ungleichgewicht führt dazu, dass die Haut vermehrt Talg produziert. Es ist ganz normal, dass Hauttalg entsteht und durch die Poren nach außen abfließt. Wenn aber die Poren verstopft sind, findet der Talg keinen Ausweg. Dann bilden sich Mitesser und entzündliche Pickel.

Eine leichte Form der Akne kannst du wahrscheinlich mit Hausmitteln und milder Pflege behandeln. Besonders wirksam und verträglich sind Masken aus Heilerde und spezielle Cremes für unreine Haut, die Zinkoxid oder Salicylsäure enthalten. Achte darauf, keine Kosmetika zu verwenden, die die Poren verstopfen können. Viele Öle, die in normalen Hautpflegeprodukten enthalten sind, sind komedogen, das heißt, sie begünstigen Mitesser. Achte beim Kauf von Kosmetika auf die Aufschriften „ölfrei», „nicht komedogen“ oder „für unreine Haut“. Wenn du an einer schweren Form der Akne leidest oder die Inhaltsstoffe von Cremes nicht einordnen kannst, solltest du zu einem Hautarzt gehen. Denn ohne Behandlung besteht die Gefahr, dass sich Narben bilden. Falls Salbe und Gel keinen Erfolg haben, kann der Arzt dir eventuell ein Antibiotikum verschreiben oder mit anderen Behandlungsformen helfen.

Sport

Gerade in der Pubertät ist Bewegung ganz wichtig für dich. Im Alter zwischen 10 und 14 Jahren entwickelt sich dein Knochengerüst am stärksten. Wenn du in dieser Phase viel Sport treibst, bekommst du starke, gesunde Knochen, die dich durch dein ganzes restliches Leben begleiten. Teenager, die sich zu wenig bewegen, setzen nicht nur Fett an und bekommen Haltungsschäden. Sportmuffel haben oft auch eine geringere geistige Leistungskraft als aktive Teenies, denn Sport erhöht die Konzentrationsfähigkeit. Beim Sport kannst du Frust und Stress abbauen, Ausdauer, Kraft und Beweglichkeit verbessern und dabei sogar neue Freunde finden. Und wenn du dich fit hältst, fühlst du dich einfach besser.

Für welche Sportart du dich entscheidest, spielt keine Rolle. Such dir einfach aus, was dir am meisten Spaß macht. Damit du Gleichgesinnte triffst und die Motivation leichter fällt, schließ dich einem Verein, einer Gruppe oder Mannschaft an. Nebenbei kannst du dir auch noch eine Sportart suchen, die du allein ausüben kannst, wenn dir einmal langweilig ist, zum Beispiel Mountainbiken oder Skateboarden.

Nach Empfehlungen der Weltgesundheitsorganisation (WHO) sollten sich Teenager mindestens eine Stunde am Tag bewegen. Klar, neben der Schule und den Hausaufgaben möchtest du auch noch deine Freunde treffen, da ist kaum eine Stunde am Tag übrig. Aber du kannst versuchen, Bewegung in deinen Tagesablauf einzubauen: Wenn du mit dem Fahrrad statt mit dem Bus zur Schule und zurückfährst, hast du bestimmt schon eine halbe Stunde geschafft.

Ich mag mich so, wie ich bin

Als Kind hast du ganz selbstverständlich in deinem Körper gelebt – ob er dir gefällt, darüber hast du gar nicht nachgedacht. Du hast neugierig ausprobiert, wie er funktioniert und was er alles kann. Jetzt in der Pubertät plagen dich plötzlich ganz viele Zweifel: Bist du zu dünn, zu dick, zu groß, zu klein, sind deine Schultern zu schmal, deine Beine zu kurz oder dein Po zu breit? Das geht allen Teenagern so, und es liegt zum großen Teil daran, dass du überall im Netz und im Fernsehen nur perfekte Körper siehst. Bedenke, dass die Stars und Models, die immer top gestylt ihren Superbody präsentieren, hauptberuflich damit beschäftigt sind, sich in Form zu halten. Dafür bezahlen sie Personaltrainer, Starfriseure und Make-up-Artists. Ihre Makel, die sie trotzdem noch haben, lassen sie operieren und den Rest erledigt Photoshop. Stell dir vor, wie toll du mit dem ganzen Aufwand aussehen würdest!

Aber das musst du gar nicht. Du hast Wichtigeres zu tun, als dich den ganzen Tag nur um dein Äußeres zu kümmern. Und die Basics kannst du sowieso nicht ändern. Also finde dich so schnell wie möglich mit deinem Knochengerüst ab. Mit gesunder Ernährung und Sport kannst du das Beste für deine Körper tun, und mit etwas Pflege und Kosmetik fühlst du dich noch attraktiver. Sei nicht überkritisch mit dir und sieh nicht nur das, was du nicht magst. Bestimmt gefällt dir auch etwas an dir. Schau dir jedes Mal, wenn du dich im Spiegel betrachtest, zuerst deine Schokoladenseite an.

#7 **Verzichte bei der Körperpflege** *auf alles, was stark schäumt und künstlich duftet. Verwende lieber natürliche Reinigungsprodukte ohne Parfum und ohne Farb- und Konservierungsstoffe.*

#8 **Tägliches Duschen** *hilft viel mehr, als den Schweißgeruch mit Parfum zu überdecken.*

#9 **Quäl dich nicht** *mit schmerzhaften Waxings oder chemischen Enthaarungscremes! Für den Anfang reicht eine klassische Rasur.*

#10 **Zu häufiges Waschen kann Akne noch verschlimmern.** *Erspare deiner Haut aggressive Reinigungsprodukte. Setz lieber auf sanfte Mittel oder lass dir vom Hautarzt helfen.*

#11 **Halte dich fit!** *Versuche, dich mindestens eine Stunde am Tag zu bewegen, am besten an der frischen Luft.*

#12 **Betrachte nicht überkritisch,** *was dir an deinem Körper nicht gefällt. Konzentriere dich lieber auf deine Vorzüge und sieh dir im Spiegel immer zuerst deine guten Seiten an!*

Schule, Aufschieberitis und andere Stressoren

Beef mit Lehrern, Stress in der Schule?

Wurdest du von einem Lehrer oder einer Lehrerin ungerecht behandelt? Hast du eine schlechte Note bekommen, die du nicht fair findest, oder fühlst du dich als „Sündenbock" der Klasse, weil immer du für alles verantwortlich gemacht wirst, was irgendeiner angestellt hat? Zuerst einmal musst du wissen, dass Lehrer auch nur Menschen sind. Sie sind zwar erwachsen, aber längst nicht perfekt. Sie bekommen nicht immer alles mit, machen Fehler, haben auch mal einen schlechten Tag und können nichts dagegen tun, dass sie mit manchen Schülern besser klarkommen als mit anderen.

Wenn es sich um ein kleineres Problem oder Missverständnis handelt, dann kannst du zuerst selbst versuchen, mit dem Lehrer zu sprechen. Wahrscheinlich ist ihm gar nicht bewusst, dass du dich benachteiligt oder beleidigt fühlst. Erkläre ihm sachlich die Situation aus deiner Sicht und sag ihm, welche Behandlung du dir in Zukunft von ihm wünscht. Falls das Gespräch nichts bringt, wende dich an deine Eltern oder einen Vertrauenslehrer.

Tests und Arbeiten stressfrei meistern

Ein bisschen Prüfungsangst ist ganz normal, nur darf sie nicht in Panik ausarten. Tests und Klassenarbeiten sind keine Schikane deiner Lehrer, sondern eine sinnvolle Übung für später. Ob beim Schulabschluss, im Abi, in der Berufsausbildung, im Studium oder sogar in der Fahrschule – du wirst wieder und wieder geprüft werden. Je eher du lernst, mit Prüfungsstress umzugehen, desto besser wirst du alle Herausforderungen meistern.

Um dich vor der nächsten Arbeit sicher zu fühlen, hilft dir nur eine gute Vorbereitung. Notiere dir zuerst den Termin in deinem Kalender oder nutze eine App, die dich daran erinnert. Verschaffe dir dann einen Überblick über alle Inhalte, die abgefragt werden könnten. Schreib dir die Themen, die du dir vornehmen möchtest, in Stichpunkten auf einen Zettel. Falls du dir über die Lerninhalte nicht klar wirst, sprich mit deinen Klassenkameraden oder frag beim Lehrer nach. Dann kannst du dir noch einen Plan machen, welche Abschnitte du dir für welche der kommenden Tage vornimmst. Nun fang mit dem Lernen an! Wenn du nicht gern allein büffelst, kannst du dich mit anderen zusammentun. In einer Lerngruppe könnt Ihr euch gegenseitig unterstützen und motivieren. Kurz vor der Arbeit kannst du dir alle Fakten, die du dir besonders schlecht merken kannst, auf einen Spickzettel schreiben. Den holst du während der Stunde zwar nicht heraus, aber das musst du bestimmt auch nicht. Denn nach dem Aufschreiben hast du den Inhalt endlich im Kopf.

Lerntipps und Lernstrategien

Hast du einen riesigen Berg Lernstoff vor dir und weißt nicht, wie du dir das alles merken sollst? Nimm dir Karteikarten oder Vokabelkarten, um einzelne Begriffe, ganze Sätze oder kleine Schaubilder darauf zu schreiben. Zum Vokabeln lernen kannst du statt der deutschen Wörter auch Bildchen auf die Karten malen, denn dein Gehirn erkennt Bilder schneller wieder als Wörter. Mit deinen selbst gebastelten Vokabelkarten kannst du Memory spielen und dazu auch deine Freunde oder Familie einladen. Ob mit Bildern oder deutscher Übersetzung, beim Spielen prägst du dir die Vokabeln so gut ein, dass du sie dauerhaft behältst.

Wenn du größere Absätze auf Karteikarten schreibst, dann hebe die wichtigsten Begriffe durch bunte Markierungen hervor. Um dir Zusammenhänge klarzumachen und zu merken, kannst du auch Schaubilder selbst entwerfen. Werde kreativ und probiere dich mit Formen und Farben aus. Entwickle genau die Lernhilfen für dich, mit denen du die Inhalte am besten behalten kannst.

Um das Gelernte abzufragen, unterhalte dich mit dir selbst. Spiele zwei Rollen auf einmal, frag als Lehrer und antworte als Schüler. Vielleicht musst du dir bestimmte Begriffe oder Zusammenhänge noch einmal selbst erklären. Wenn du es versuchst, merkst du, ob du alles verstanden hast oder noch einmal nachlesen musst.

Lerntipps:

- Verwende Karteikarten und Vokabelkarten.
- Markiere wichtige Wörter und Passagen in bunten Farben.
- Male Bildchen als Gedächtnisstützen für Wörter.
- Erstelle Schaubilder, um dir Zusammenhänge zu merken.
- Frage in Selbstgesprächen das Gelernte ab.

Schulalltag besser organisieren

In deinen Schulsachen sollte immer Ordnung herrschen. Denn je mehr Zeit du mit Suchen verschwendest, desto länger brauchst du anschließend zum Lernen. Lege dir für jedes einzelne Schulfach eine Mappe oder einen Ordner pro Schuljahr an und hefte immer sofort jeden Zettel an den richtigen Platz. Innerhalb der Ordner kannst du dir noch mit bunten Post-its die wichtigsten Blätter markieren. Auch dein Schreibtisch sollte immer so ordentlich sein, dass du sofort mit dem Arbeiten beginnen kannst. Sonst kannst du dich immer wieder vom Lernen ablenken, weil du erst aufräumen musst. Jedes Teil sollte seinen festen Platz haben. Schaff dir kleine Boxen oder Pappkartons für alle Stifte, Radiergummis, Malfarben etc. an und leg Locher und Co. an ihre Plätze in den Schubladen. Besorge dir außerdem einen ausreichenden Vorrat an allen Schreibutensilien, damit dir nicht beim Arbeiten plötzlich etwas fehlt. Alle paar Wochen solltest du den Schreibtisch aufräumen und ausmisten, damit er übersichtlich bleibt.

In deiner Schultasche kannst du die Sachen, die du regelmäßig brauchst, immer an dieselben Stellen legen, damit du nichts vergisst. Stecke Mappen und Bücher in ein anderes Fach als dein Etui, damit sie nicht bekleckert werden, falls mal ein Stift ausläuft. Wenn du deinen Stundenplan direkt an die Wand über dem Schreibtisch pinnst, weißt du immer sofort, was du einpacken musst.

#13 **Wenn du dich von einem Lehrer ungerecht behandelt fühlst,** *sprich ihn sachlich darauf an! Falls das Gespräch nicht hilft, kannst du deine Eltern oder einen Vertrauenslehrer einbeziehen.*

#14 **Mach dir für Tests und Arbeiten Spickzettel!** *Du darfst sie zwar in der Stunde nicht aus der Tasche holen, aber dein Gehirn hat die Infos schon beim Schreiben abgespeichert.*

#15 **Halte deinen Schreibtisch und deine Mappen in Ordnung** – *organisiere deine Schulsachen übersichtlich in Heftern, Boxen und Schubladen, damit du nie lange suchen musst, sondern gleich loslegen kannst!*

Aufschieberitis überwinden

Hausaufgaben machst du morgen? Okay, ab und zu kannst du lästige Dinge aufschieben, aber wenn du das häufiger machst, setzt du dich immer mehr unter Stress. Deine Aufgaben verschwinden nicht von selbst, und je länger du sie vor dir herschiebst, desto größer wird der Berg. Unangenehme Dinge sofort anzupacken, ist schwierig, auch für Erwachsene. Aber du kannst es lernen. Und wenn du deine Arbeiten schnell hinter dich gebracht hast, wirst du richtig stolz auf dich sein und dich gut fühlen.

Zuerst brauchst du einen Überblick über die anstehenden Aufgaben. Notiere dir auf einem Zettel eine To-do-Liste. Dann nimm dir direkt die Aufgabe vor, auf die du am wenigsten Lust hast. Sobald du das Unangenehmste hinter dir hast, wird dein Kopf nämlich schon freier sein. Außerdem erscheinen dir die folgenden Arbeiten dann im Vergleich viel einfacher, und du erledigst sie im Handumdrehen.

Tipps gegen Aufschieberitis:

1. Fang sofort an, nicht in zehn Minuten!
2. Schalte Fernseher und Handy aus, geh offline und sei für niemanden zu erreichen.
3. Erledige die unangenehmen Aufgaben zuerst, dann musst du den Rest des Tages nicht mehr daran denken.
4. Teile dein Arbeitspensum in kleine Portionen ein.
5. Gönn dir nach jeder geschafften Einheit eine kleine Pause zur Belohnung.

Wenn es mal nicht so läuft

Hast du plötzlich schlechte Noten? In der Pubertät ist ein Leistungsabfall ganz normal. Denn im Moment durchlebst du jede Menge körperliche und psychische Veränderungen, die dich stark in Anspruch nehmen. Dazu kommt, dass du auf vielen Gebieten immer selbstständiger wirst, was zusätzliche Herausforderungen bedeutet. Schulthemen sind daneben plötzlich gar nicht mehr interessant. Trotzdem solltest du versuchen, den Anschluss nicht zu verlieren. Zum Schulabschluss oder Abi solltest du wieder gute Noten haben, damit du die Chance auf deinen Wunsch-Ausbildungs- oder -Studienplatz erhöhst. Und in ein paar Jahren, wenn die Pubertät hinter dir liegt, wirst du dich für einige Schulfächer bestimmt wieder interessieren. Wenn du dich aber jetzt völlig hängen lässt, versäumst du wichtige Grundlagen, die dir dann fehlen werden.

Um Durchhänger zu überwinden, solltest du dir einen detaillierten Arbeitsplan machen, den du einhältst. Da dich im Moment leider nichts so richtig begeistert, kannst du dich nur auf die nächste Pause freuen. Die kommt umso schneller, je eher du anfängst. Plane jeden Tag eine feste Zeit für Hausaufgaben und Lernen ein, zum Beispiel von drei bis fünf Uhr. Zusätzlich musst du dir ebenso viel unverplante freie Zeit gönnen. Nimm dir nicht zu viel vor und takte nicht deine gesamte Freizeit auf die Minute durch. Es ist wichtig, dass du zum Entspannen genügend Freiräume hast, die du spontan nutzen kannst.

Wenn du dich wirklich bemühst, den Schulstoff zu verstehen und zu behalten, aber es einfach nicht schaffst, dann suche dir zuerst Hilfe bei deinen Klassenkameraden. Vielleicht könnt ihr zusammen lernen und euch gegenseitig erklären, was ihr nicht verstanden habt. Du kannst dir auch Tutorials im Internet ansehen, die dir Zusammenhänge anschaulicher näherbringen können als Bücher. Wenn sich deine Noten trotzdem nicht verbessern, sprich mit deinen Eltern darüber, ob du Nachhilfeunterricht bekommst.

Praktika

Etwa zwei Jahre, bevor du mit der Schule fertig wirst, kannst du schon damit anfangen, in einen oder mehrere Berufe hineinzuschnuppern. Alle Schulen bieten Berufspraktika an, Hauptschulen zumeist in der 8., Realschulen in der 9. und Gymnasien in der 10. oder 11. Klasse. Falls du noch nicht weißt, was du beruflich machen möchtest, hast du hier eine tolle Gelegenheit, den Berufsalltag kennenzulernen und dich zu orientieren. Aber du kannst zusätzlich auch noch selbst auf die Suche gehen und dich um weitere Praktika in den Ferien bemühen. So kannst du schon einmal Kontakte knüpfen und dir vielleicht einen Ausbildungsplatz sichern. Aber selbst wenn du dich später für einen anderen Bereich entscheidest, kannst du nur gewinnen. In deinem Lebenslauf macht es sich immer gut, wenn du Initiative gezeigt und schon Erfahrungen im Berufsleben gesammelt hast.

Auf der Suche nach einem Praktikumsplatz musst du dir überlegen, in welche Richtung du beruflich gehen möchtest. Dann finde heraus, in welchen Betrieben in deiner Umgebung du dir deinen Traumberuf näher ansehen kannst. Falls du noch gar keine Vorstellung von deinem Berufsziel hast, dann taste dich heran. Diese Fragen helfen dir dabei:

- **Welche Schulfächer interessieren dich am meisten?**
- **Was ist dein liebstes Hobby?**
- **Über welche Themen möchtest du gern mehr erfahren?**
- **Was kannst du besonders gut?**

Dann sprich mit deinen Eltern oder Lehrern darüber, welcher Praktikumsplatz für dich der Richtige sein könnte. Auch junge Start-ups können eine gute Anlaufstelle sein.

Was kommt nach der Schule?

Die meisten Teenager haben direkt nach der Schule noch keine Ahnung, was sie beruflich machen möchten. Du musst auch nicht sofort voll durchstarten. Vielleicht nimmst du dir erst einmal eine Auszeit, machst Praktika oder ein Freiwilliges Soziales Jahr oder gehst für eine Weile ins Ausland. Ob du als Au-pair arbeitest, Work & Travel machst oder dich in einem sozialen Projekt engagierst, in jedem Fall wirst du selbstständiger und kannst Sprachkenntnisse und soziale Kompetenzen verbessern. Aber du kannst deine Zeit auch zu Hause sinnvoll nutzen, um zusätzliche Qualifikationen zu erwerben. Mach den Führerschein, hilf in einem Betrieb in der Nachbarschaft aus oder arbeite als Babysitter. Ganz nebenbei findest du bestimmt auch heraus, welches Berufsfeld für dich infrage kommt.

Dann kannst du dich für ein Studium, eine Selbstständigkeit oder eine Berufsausbildung entscheiden. Um z. B. unter den mehr als 300 Ausbildungsberufen den passenden zu finden, kannst du dich professionell beraten lassen. Die Bundesagentur für Arbeit bietet in jeder Stadt individuelle Berufsberatungen an. Du kannst dir einen Termin geben lassen und mit deinem persönlichen Berater ausführlich über deine Vorstellungen, Interessen und Fähigkeiten sprechen. Möchtest du studieren, orientiere dich im Studienführer, den du als Buch kaufen oder online lesen kannst. Hier findest du über 21.000 Studiengänge, die du allein in Deutschland studieren kannst. Aber du musst dich nicht auf Deutschland beschränken, in vielen spannenden Städten auf der ganzen Welt warten noch mehr Möglichkeiten auf dich. Du kannst auch außer der Box denken und dich fürs Unternehmertum entscheiden. Alle Möglichkeiten stehen dir offen.

Schüchtern und introvertiert

Bist du lieber still, weil du Angst hast, etwas Falsches zu sagen oder dich lächerlich zu machen? Gehörst du nicht zu den Glücklichen, die überall sofort Freunde finden, immer locker wirken und jede Menge Spaß haben? Das ist nicht weiter schlimm, – viele Teenager sind schüchtern und manche bleiben es noch als Erwachsene. Aber in der Schule bekommst du bessere Noten, wenn du dich aktiv am Unterricht beteiligst. Und sobald du deine Zurückhaltung einmal überwunden hast, wirst du dich wie ein neuer Mensch fühlen. Du hast es verdient, auch zu den beliebten, schlagfertigen und glücklichen Teenies zu gehören. Zwar kannst du deine Schüchternheit wahrscheinlich nicht ganz abstellen, aber du kannst dein Selbstbewusstsein trainieren. Du wirst staunen, was du dich dann alles traust. Fang also gleich damit an, es ist gar nicht so schwer!

i

Tipps gegen Schüchternheit:

- Akzeptiere, dass du schüchtern bist. Es bringt nichts, sich wieder und wieder über die eigene Schüchternheit zu ärgern und sich noch mehr zu blockieren. Wenn du ein introvertierter Mensch bist, der nicht gern im Mittelpunkt steht, musst du nicht plötzlich zum Partycrasher mutieren. Aber du kannst dich so akzeptieren, wie du bist.

- Stelle dich Herausforderungen. In welchen Situationen blockiert dich deine Schüchternheit besonders stark? Such dir bewusst eine Aufgabe aus, bei der du deine Angst in den Griff bekommen musst. Melde dich zum Beispiel freiwillig, um ein Referat vor der Klasse zu halten, oder nimm dir vor, fremde Menschen auf der Straße anzusprechen und etwas zu fragen.

- Suche dir extrovertierte Freunde und Vorbilder. Als introvertierter Typ solltest du nicht deine gesamte Freizeit mit anderen verbringen, die genauso schüchtern sind wie du. Denn von ihnen kannst du nicht das lernen, was dir vermeintlich fehlt. Schließ dich lieber denen an, die schon so sind, wie du gern sein möchtest. Schau dir ihr Verhalten ab und werde mit der Zeit genauso mutig und selbstbewusst.

#16 **Erledige die unangenehmsten Aufgaben immer zuerst.** *Dann musst du nicht mehr daran denken und kannst die übrigen Arbeiten viel schneller schaffen.*

#17 **Schlechte Noten?** *Ein kleiner Durchhänger in der Pubertät ist ganz normal. Aber du kannst etwas dagegen tun: Lerne immer zu festen Zeiten und gönn dir genauso lange Erholungsphasen. Suche dir eine Lerngruppe, sieh dir Tutorials im Netz an und kümmere dich notfalls um Nachhilfeunterricht.*

#18 **Absolviere so viele Praktika wie möglich.** *Auch wenn du schon weißt, wohin es beruflich gehen soll – mit praktischen Erfahrungen im Lebenslauf kannst du später überall punkten und auch deine Persönlichkeit entwickelt sich mit neuen Erfahrungen.*

#19 Nimm dir genug Zeit, um deinen Traumberuf zu finden. *Du musst nicht sofort nach der Schule durchstarten, du kannst dir auch zuerst eine Auszeit nehmen, um dich zu orientieren und wichtige Zusatzqualifikationen zu erlangen. Die Möglichkeiten sind nahezu unbegrenzt, du kannst mit einer guten Idee und einem Plan z. B. auch Unternehmer werden und ein Start-up gründen!*

#20 Akzeptiere es, wenn du schüchtern bist. *Du musst deine Persönlichkeit nicht ändern oder dich verstellen. Aber du kannst dein Selbstbewusstsein stärken, deine Schüchternheit unter Kontrolle bekommen und dich viel besser fühlen.*

Rechte und Pflichten als Teenager

Was kann, darf und muss ich als Teenager?

Schon für Kleinkinder gelten wichtige Menschenrechte, das bestimmt die Kinderrechtskonvention der Vereinten Nationen.

Du hast das Recht auf:

- Gleichbehandlung,
- Ernährung,
- medizinische Versorgung,
- Bildung und Ausbildung,
- Spielen und Freizeit,
- elterliche Fürsorge,
- freie Meinungsäußerung,
- Schutz vor Gewalt und
- Zugang zu Medien.

Mit zunehmendem Alter kommen immer mehr Rechte dazu, damit du dich zu einem eigenständigen und verantwortungsbewussten Menschen entwickeln kannst. Du darfst als Teenager zum Beispiel schon allein über deine Religionszugehörigkeit bestimmen und dir von deinem Taschengeld kaufen, was du möchtest.

Mit zunehmenden Rechten gehen aber auch mehr Pflichten einher. Je älter du wirst, desto mehr solltest du deinen Eltern im Haushalt helfen oder auch in deren Geschäft mit anpacken. Außerdem solltest du dich überall so vernünftig und vorsichtig verhalten, dass du anderen Personen keine Schäden zufügst. Als Kleinkind hast du vielleicht noch Steine in Nachbars Garten geworfen und aus Versehen die Katze verletzt. Heute sollte dir so etwas nicht mehr passieren. Du kannst und musst jetzt die Folgen deiner Handlungen vorhersehen. Deshalb bist du als Teenager nach dem Gesetz schon deliktsfähig und kannst zur Verantwortung gezogen werden. Vor allem im Straßenverkehr kann schnell ein Unfall passieren, wenn du kurz nicht aufpasst oder dich nicht an die Verkehrsregeln hältst. Ob du zu Fuß oder mit dem Rad unterwegs bist, spielt keine Rolle, du solltest immer umsichtig sein.

Welche Rechte habe ich als Teenager?

Du kannst dich jetzt an jedem Geburtstag freuen, dass du wieder einen Riesenschritt machst und neue Freiheiten entdeckst!

Ab 12 darfst du dein erstes eigenes Konto eröffnen, wenn deine Eltern damit einverstanden sind. Außerdem darfst du im Auto ohne Kindersitz mitfahren und kannst mit Erlaubnis deiner Eltern einen eigenen Pass beantragen.

Mit 13 darfst du zum ersten Mal leichte Arbeiten verrichten, um dein Taschengeld aufzubessern. Du kannst Zeitungen austragen oder im Restaurant deiner Verwandten die Tische abräumen.

Wenn du 14 bist, kannst du frei entscheiden, welcher Religion du angehören möchtest. Schon mit 12 durften deine Eltern dich zwar nicht mehr gegen deinen Willen im Sinne einer bestimmten Glaubensrichtung erziehen. Aber jetzt darfst du auch selbst aktiv werden. Du kannst dich zum Beispiel taufen lassen oder dich zum Konfirmandenunterricht anmelden.

Mit 15 darfst du Mofa fahren, wenn du die Einwilligung deiner Eltern hast und die Prüfung bestehst. Du kannst dir jetzt auch einen größeren Nebenjob suchen, zum Beispiel einen Ferienjob für bis zu vier Wochen im Jahr. Beim Arzt giltst du schon als einsichtsfähig, das heißt, dass du kleinere Behandlungen allein vornehmen lassen kannst und der Arzt auch deinen Eltern gegenüber schweigepflichtig ist. Nur wenn eine größere Operation ansteht, müssen deine Erziehungsberechtigten weiterhin einwilligen.

Wenn du endlich 16 bist, darfst du bis 24 Uhr allein in Kinos und Bars gehen und den Führerschein für Roller oder Moped machen.

Welche Pflichten habe ich?

Als Teenager solltest du deinen Eltern so gut du kannst im Haushalt helfen. Kennst du den Spruch: „Solange du deine Füße unter meinen Tisch stellst"? Auch wenn es nervt, deine Eltern haben leider recht. Deine Pflicht ist sogar im Gesetz verankert: § 1619 BGB bestimmt, dass Kinder, die zu Hause wohnen und von ihren Eltern ernährt werden, „nach ihren Kräften" Dienstleistungen in Haus und Geschäft erbringen müssen. Zugegebenermaßen, klingt etwas oldschool, aber schon als Kind kannst du Dinge tun, wie zum Beispiel den Tisch abräumen oder dein Zimmer in Ordnung halten. Je älter du wirst, desto mehr kann von dir erwartet werden. Sieh die Hausarbeit nicht als Schikane an, sondern als eine gute Vorbereitung für das Erwachsensein. In ein paar Jahren willst du vielleicht schon deine erste eigene Wohnung beziehen. Je mehr du jetzt schon selbst erledigst, desto leichter wird dein Start. Wenn deine Eltern ein Geschäft haben, musst du auch dort vielleicht hin und wieder mitarbeiten. Natürlich kannst du nicht spät abends noch im Laden stehen und deine Schulaufgaben liegen lassen. Aber du musst mit anfassen, wenn es geht.

Für Teenager ist die kindliche Narrenfreiheit auch außerhalb des Elternhauses vorbei, du musst dich jetzt an die Gesetze halten. Im Straßenverkehr giltst du schon mit 10 Jahren als einsichtsfähig genug, um immer aufmerksam zu sein und Fehler zu vermeiden. Ab 14 kannst du auch strafrechtlich belangt werden. Wenn du im Supermarkt etwas mitgehen lässt oder deine Mitschüler schlägst, kann dich der Jugendrichter bereits verurteilen. Die Sanktionen reichen von Arbeitsstunden über Arrest bis zu Haftstrafen im Jugendgefängnis.

Juristische Grundbegriffe

Wichtige Rechtsbegriffe, die du jetzt kennen solltest, sind die Geschäftsfähigkeit, die Deliktsfähigkeit und die Strafmündigkeit.

Geschäftsfähigkeit bedeutet, dass du wirksam im eigenen Namen Verträge abschließen kannst. Kinder unter 7 Jahren sind noch nicht geschäftsfähig. Zwischen 7 und 18 bist du beschränkt geschäftsfähig, das heißt, du kannst Rechtsgeschäfte nur eingehen, wenn deine Eltern ihre Zustimmung geben. Du kannst zum Beispiel ein Konto eröffnen oder eine Reise buchen, aber der Vertrag wird erst mit der Genehmigung deiner Eltern wirksam. Mit 18 wirst du unbeschränkt geschäftsfähig und kannst alle Rechtsgeschäfte allein vornehmen.

Deliktsfähig ist ein Mensch, wenn er so einsichtsfähig ist, dass er für Schäden, die er anderen Personen zufügt, zur Verantwortung gezogen werden kann. Erwachsene sind grundsätzlich deliktsfähig. Wenn sie absichtlich oder aus Versehen jemanden schädigen, zum Beispiel mit dem Auto anfahren, müssen sie Schadenersatz leisten. Ein Kind unter 7 Jahren ist noch nicht für seine Handlungen verantwortlich. Zwischen 7 und 18 müssen die Gerichte im Einzelfall beurteilen, ob die nötige Einsichtsfähigkeit bereits vorliegt. Als Teenager kannst du in vielen Alltagssituationen schon erkennen, ob dein Verhalten Schäden verursachen könnte. Zum Beispiel weißt du, dass es gefährlich und verboten ist, ohne funktionierende Bremsen mit dem Fahrrad zu fahren. Wenn du es trotzdem tust und einen Unfall verursachst, kannst du schon haftbar gemacht werden.

Im Strafrecht kannst du ab 14 Jahren belangt werden, wenn du gegen Strafgesetze verstößt, etwa einen Diebstahl oder eine Körperverletzung begehst. Das Gleiche gilt auch für Ordnungswidrigkeiten. Du kannst bereits ein Bußgeld bekommen, wenn du auf einem Gehweg Fahrrad fährst.

#21 Freu dich an jedem Geburtstag über neue Freiheiten! *Mit 13, 14, 15, 16 machst du jedes Jahr einen großen Schritt auf dem Weg in die Selbstständigkeit.*

#22 Hilf deinen Eltern im Haushalt, so gut du kannst. *Betrachte die Hausarbeit nicht als Quälerei, sondern als wichtige Vorbereitung auf die Selbstständigkeit. Wenn du irgendwann in deine erste WG ziehst, wirst du dankbar sein, dass du gewisse Dinge kannst und nicht anhängig von anderen bist.*

#23 Halte dich an Straßenverkehrsregeln und andere Gesetze. *Schon als Teenager kannst du zur Rechenschaft gezogen werden, wenn du anderen Menschen Schäden zufügst.*

Social Media und Digitales

Jeden Trend mitmachen?

Ob in der Mode oder auf Social Media: Trends sind immer spannend, und du möchtest natürlich mitmachen und dazugehören. Aber: Nur weil viele Leute etwas tun, muss es noch lange nicht gut sein! Es ist völlig okay, wenn du dein T-Shirt falsch herum trägst, dir die Haare kurz schneidest oder die drei Nummern zu große Jacke deiner Schwester anziehst. Das tut niemandem weh und geht nicht unnötig ins Geld. Aufpassen musst du aber, wenn es teuer oder gefährlich werden kann.

Leider sind viele der angesagten Challenges bei TikTok extrem gefährlich. Dass die sogenannte Blackout-Challenge, bei der du dir so lange wie möglich die Luftzufuhr abschneidest, keine gute Idee ist, weißt du vermutlich schon. Und tiefe Löcher zu buddeln, in die jemand hinfallen kann, endet nicht immer für alle spaßig. Du solltest aber auch nicht mit zugeklebtem Mund schlafen oder löffelweise Proteinpulver ohne Wasser essen. Es passiert immer wieder, dass User bei solchen Challenges Erstickungsanfälle oder Herzinfarkte bekommen.

Auch unter den sogenannten Beauty-Trends, die du überall im Netz findest, sind einige dabei, die dich nicht nur kein bisschen verschönern, sondern auch noch gesundheitsschädlich sind. Wenn du zum Beispiel beim „teeth filing“ mit einer Nagelfeile an deinen Zähnen herumschleifst, zerstörst du deinen Zahnschmelz unwiederbringlich, sodass deine Zähne keine Chance mehr gegen Karies haben. Denk nach und mach nur das mit, was du wirklich möchtest. Vielleicht stehst du dann manchmal als Stimmungskiller da, aber wenigstens bleibst du gesund.

Wie viel von mir gebe ich auf Social Media preis?

Nicht alle Menschen, die im Netz unterwegs sind, wollen nur dein Bestes. Ein gesundes Misstrauen ist deshalb angesagt. Wenn du soziale Medien nutzt, solltest du grundsätzlich Nicknames verwenden und nicht deinen richtigen Namen angeben. Wähle für jedes Netzwerk einen anderen Usernamen, damit dir niemand von einem Profil auf alle anderen folgen kann. Wohnst du in einer Großstadt wie Hamburg oder Berlin, kannst du deinen Wohnort vielleicht angeben, in einem kleinen Ort dagegen solltest du daran denken, dass du sehr leicht zu ermitteln bist. Achte darauf, dass dein Standort nicht für andere User sichtbar ist, damit dich niemand im realen Leben verfolgen kann. Das gilt auch für Fotos und Videos: Stelle bei jedem Upload ein, dass der Aufnahmestandort nicht angezeigt wird.

Bei allen Fotos, die du von dir postest, solltest du daran denken, dass wirklich jeder sie sehen könnte, und zwar nicht nur jetzt, sondern auch noch in ein paar Jahren. Sexpics solltest du deshalb genauso wenig posten wie Partybilder in alkoholisiertem Zustand. Denn was heute vielleicht witzig ist, könnte dich später den Ausbildungsplatz kosten. Wenn du politische Äußerungen abgibst oder Angaben zu deiner sexuellen Ausrichtung machst, kannst du später ebenfalls Probleme bekommen. Vielleicht wird dir einmal die Einreise in bestimmte Länder nicht erlaubt oder deine unbedachten Aussagen stehen plötzlich deinem Berufsziel oder einem politischen Engagement im Weg. Trotz aller Vorsicht solltest du aber auch nicht so ängstlich werden, dass du gar nichts mehr von dir preisgibst. Überleg dir nur vor jedem Posting, ob du Text und Bild auch für alle Nachbarn sichtbar aus deinem Fenster hängen würdest.

Bodyshaming

Bodyshaming bedeutet, einen anderen wegen seiner äußerlichen Merkmale zu beleidigen, zu diskriminieren oder auszugrenzen. Das Phänomen ist natürlich nicht neu. Bestimmt erinnerst du dich, dass in deiner Grundschulklasse jemand als zu dick oder zu dünn galt und mit weniger netten Spitznamen gehänselt wurde. Gemobbt und aufgezogen wurden Menschen wegen ihres Aussehens oder Andersseins schon immer. Aber heute finden sich fiese Kommentare unter Fotos von echten Menschen im Netz und können sich in Sekundenschnelle über den ganzen Globus verbreiten.

Gerade im Teenageralter kann Bodyshaming für die Betroffenen fatale Konsequenzen haben. Viele Mädchen und zunehmend auch Jungen entwickeln Essstörungen, weil sie einem unrealistischen Schönheitsideal nacheifern. Heute fühlen sich etwa 50 % der Jugendlichen zu dick, obwohl tatsächlich 80 % normalgewichtig sind. Die verzerrte Selbstwahrnehmung kommt daher, dass viele Medien Schönheitsideale propagieren, die mit dem natürlichen menschlichen Körperbau nichts zu tun haben. Sieh dir zum Beispiel Barbie an, die du vielleicht als Kind bewundert hast. Als echter Mensch hätte sie einen Taillenumfang von 46 cm und einen Body-Mass-Index von 16. Sie wäre nicht nur stark untergewichtig, sondern gar nicht lebensfähig, weil ihre Organe nicht in ihren Bauch passen würden. Auf ihren winzigen Füßchen könnte sie außerdem nicht laufen und ihr Hals wäre zu dünn, um den Kopf zu tragen.

Das Einzige, was du gegen Bodyshaming tun kannst, ist, dich nicht daran zu beteiligen. Das wird dir besonders leichtfallen, sobald du genug Selbstvertrauen entwickelt hast, um mit deinem eigenen Körper zufrieden zu sein.

Mobbing auf Social Media

Hast du schon einmal miterlebt, dass jemand peinliche Bilder von einer Mitschülerin gepostet oder fiese Gerüchte über sie in sozialen Medien verbreitet hat? Solche Attacken im Netz mit dem Ziel, andere zu beleidigen oder öffentlich bloßzustellen, nennt man Cybermobbing. Was manche als Gag betrachten, ist oft sogar strafbar. Zwar sind Meinungsäußerungen erlaubt, sie dürfen aber nicht die Grenzen zur Beleidigung, üblen Nachrede oder Verleumdung überschreiten. Falsche Tatsachen über jemanden zu behaupten oder Bilder aus dessen Privatsphäre ohne Erlaubnis zu veröffentlichen, ist ein absolutes Tabu.

Das kannst du tun, wenn du Opfer von Cybermobbing wirst:

- Nimm die Nachrichten und Posts nicht ernst, aber speichere sie als Beweismittel ab und bewahre sie auf.
- Mache eine Meldung an den Netzwerkbetreiber.
- Blockiere die Accounts oder Nummern derjenigen, die dich belästigen oder mobben.
- Sprich mit deinen Eltern, einem Lehrer oder einer anderen Vertrauensperson.

Auch wenn du Mobbing gegen andere beobachtest, solltest du nicht wegsehen, denn dein Schweigen könnte als Zustimmung betrachtet werden.

- Sag den Mobbern, dass du ihr Verhalten nicht in Ordnung findest.
- Sprich mit Lehrern oder anderen Aufsichtspersonen.
- Nimm unter vier Augen Kontakt zum Mobbingopfer auf und versichere ihm, dass du auf seiner Seite stehst.

Gaming

Spielen ist grundsätzlich etwas Gutes und Wichtiges. Für Kinder sind Spiele sogar noch ein Grundbedürfnis wie Essen und Schlafen. Denn dabei entdecken sie die Welt, sammeln Gefühlserfahrungen und entwickeln ihre Kreativität. Es gibt auch für Jugendliche und Erwachsene viele tolle Online-Games, die spannend sind und bei denen du mit Gleichgesinnten Spaß haben kannst.

Aber beim Gaming lauern auch Gefahren: Du musst deine Privatsphäre schützen, darfst nicht in versteckte Kostenfallen tappen und solltest lernen, dir Limits zu setzen.

Die wichtigsten Regeln:

1. Privatsphäre schützen

Genauso wie auf Social Media musst du auch beim Gaming darauf achten, dass andere User nicht aus deinem Nutzernamen auf deine echte Identität schließen können. Du könntest sonst Opfer von Cybermobbing oder sogar Straftaten im realen Leben werden. Wähle für jedes Spiel einen anderen Nickname aus, der möglichst nichts über dich verrät.

2. Kosten unter Kontrolle behalten

Viele Games kannst du kostenlos spielen, aber für bestimmte Erweiterungen fallen Gebühren an. Anstatt deine Eltern nach ihren Kreditkarten zu fragen, melde dich lieber von vornherein nur bei solchen Games an, bei denen du ein Prepaid-Guthaben verspielen kannst. Dann kommst du gar nicht erst in Versuchung, mehr als dein Taschengeld zu verzocken.

3. Malware vermeiden

Wann immer du eine Datei herunterlädst, besteht das Risiko, dass du dir Viren oder Spyware einfängst. Deshalb solltest du dich vor jedem Download informieren, ob die Quelle wirklich vertrauenswürdig ist. Du kannst selbst versuchen, im Internet Test- und Erfahrungsberichte zu lesen, oder deine Eltern bitten, dir zu helfen.

Screentime auf dem „Schirm haben"

Bei allen Aktivitäten im Netz gilt: Verliere deine Screentime nicht aus den Augen! Setz dir Limits und halte sie auch ein. Digitale Medien sind heute aus dem Alltag nicht mehr wegzudenken. Für deine berufliche Zukunft ist es auch unverzichtbar, dass du dich darin zu Hause fühlst. Aber durch einen zu hohen Medienkonsum kannst du krank werden und sozial verkümmern. Wer täglich viele Stunden vor dem Bildschirm hockt, bekommt Augenbeschwerden und Haltungsschäden und setzt Fett an. Gerade wenn du noch jung bist, kannst du durch übermäßige Mediennutzung hyperaktiv werden, Konzentrationsstörungen und Einschlafprobleme bekommen. Und je mehr du in deine virtuelle Welt versinkst, desto weiter entfernst du dich von deiner tatsächlichen Umgebung. Vergiss nicht, regelmäßig deine Oma anzurufen, die Katze zu füttern und mit deinen Freunden draußen Ball zu spielen!

Die Bundeszentrale für gesundheitliche Aufklärung empfiehlt, dass Kinder zwischen 10 und 12 Jahren höchstens 10 Stunden in der Woche online sein sollten. Ab 13 kannst du dir schon selbst Limits setzen, nimm dir zum Beispiel vor, an Wochentagen nur höchstens eineinhalb Stunden am Tag zu surfen. Wenn du merkst, dass du dein Limit immer wieder überschreitest, besorg dir eine App zur Kontrolle deiner Screentime.

Offline gehen

Digital Detox – digitale Entgiftung, so nennt sich der Trend, sich ganz bewusst für einen bestimmten Zeitraum aus der digitalen Welt zu verabschieden. Du kannst für einige Stunden, mehrere Tage oder auch ganze Wochen komplett offline gehen: kein Instagram, kein TikTok, kein WhatsApp und keine Games. Das schaffst du nicht? Aber klar!

Wenn du einmal Notebook, Smartphone und Spielekonsole zur Seite legst, wird dein Kopf frei und du kannst dich voll auf ein anderes Hobby oder deine Mitmenschen konzentrieren. Anfangs fällt es zwar noch schwer, aber du wirst bald merken, dass deine Konzentrationsfähigkeit steigt, du besser schlafen kannst und du viel kreativer und konzentrierter bist. Auch deine Beziehungen zu Eltern, Geschwistern und echten Freunden werden sich verbessern, wenn du die gemeinsame Zeit intensiv nutzt und nicht ständig auf deinem Handy herumtippst.

Vielleicht kannst du mit deiner Familie oder deinen Freunden zusammen feste Offline-Zeiten vereinbaren, dann könnt ihr mal wieder einen klassischen Spieleabend veranstalten oder ungestört durch den Wald wandern. Wenn du den Einstieg geschafft hast, wirst du dir nach einer Weile vielleicht sogar einen ganzen Urlaub ohne Smartphone zutrauen. Für den Anfang kannst du dir die Entwöhnung erleichtern, indem du alle Benachrichtigungen ausschaltest oder wenigstens dein Handy auf stumm schaltest. Mach dir klar, dass du all die neuen Posts deiner Bekannten und Influencer nicht sofort lesen musst. Denn die News warten auch morgen oder übermorgen noch auf dich.

Sich von Influencern nicht vollkommen „influencen lassen"

Influencer, das heißt übersetzt: Beeinflusser. Influencer sind Menschen, die sich eine große Gemeinde in sozialen Medien aufbauen und ihren Followern Einblicke in ihren Alltag gewähren. Manche geben Tipps zu Beauty und Styling, andere erklären dir Zaubertricks oder nehmen dich auf eine Weltreise mit. Das tun sie in den meisten Fällen aber nicht umsonst, sondern für Geld. Denn sie präsentieren offen oder versteckt ihre sogenannten Lieblingsprodukte und werden dafür von den Herstellern bezahlt. Solange du niemandem folgst, der radikale Ansichten vertritt, ist es okay, wenn du dich von Influencern inspirieren lässt. Auf einigen Kanälen bekommst du sogar tolle Tipps und Anleitungen für kreative Projekte, und es kann sehr unterhaltsam und witzig sein, wenn du deine Vorbilder auf Schritt und Tritt begleitest. Mach dir aber klar, dass das, was du zu sehen bekommst, oft wenig mit der Realität zu tun hat.

Wichtig ist, dass du erkennst, bei welchen Angeboten und Aussagen es sich tatsächlich um Werbung handelt. Hinweise auf bezahlte Produktpräsentationen geben zum Beispiel die Zusätze „Bezahlte Werbepartnerschaft" und „Anzeige" sowie die Hashtags „#ad", „#paidad" oder „#Werbung". Du kannst auch dann von Werbung ausgehen, wenn der Beitrag auf die Seite einer Marke verlinkt. Lass dich also gut unterhalten, aber richte dein Kaufverhalten nicht nach den Empfehlungen von Influencern aus.

#24 **Manche Trends im Netz sind kreativ und witzig.** *Mach alles mit, worauf du Lust hast! Sobald es aber teuer oder gefährlich wird – Finger weg!*

#25 **Achte in sozialen Netzwerken darauf, dass niemand Rückschlüsse auf deinen Aufenthaltsort ziehen kann.** *Denk daran, dass das Internet nicht vergisst. Verzichte auf peinliche Partybilder und alle Äußerungen, über die du später stolpern könntest.*

#26 **Bodyshaming ist ein absolutes No-Go.** *Halte dich mit Kommentaren über das Aussehen anderer Menschen zurück. Falls du selbst Opfer wirst, lass böse Kommentare gar nicht erst an dich heran, sondern lösche sie sofort und vertraue dich einer Bezugsperson an.*

#27 **Beteilige dich nicht an Cybermobbing!** *Was wie ein Gag aussieht, kann die Betroffenen extrem fertigmachen. Außerdem kannst du strafrechtlich belangt werden, wenn du andere beleidigst oder falsche Tatsachen über sie verbreitest.*

#28 **Spielen ist wichtig.** *Aber achte darauf, deine persönlichen Daten zu schützen, PC und Spielekonsole sauber zu halten und deine Ausgaben zu kontrollieren.*

#29 **Behalte deine Screentime-Life-Balance im Auge!** *Setz dir Limits und halte sie ein. Wenn du dich selbst noch nicht so gut kontrollieren kannst, installiere dir eine Screentime-App. Wenn du dich zudem von anderen sozialen Aktivitäten zurückziehst, nur um am Handy zu sein, ist es definitiv zu viel.*

#30 **Zieh dich ab und zu für eine bestimmte Zeit aus der digitalen Welt zurück** *und konzentriere dich voll auf die reale Welt. Damit es leichter fällt, such dir andere, die mitmachen und mit dir etwas Tolles unternehmen!*

#31 **Mach dir klar, dass Influencer für ihre Produktempfehlungen oft Geld bekommen.** *Oft sind sie reine Marketingakteure und zeigen dir nicht ihr echtes Leben. Lass dich ruhig von ihnen inspirieren, aber kauf nicht alles, was sie empfehlen.*

Geld, Finanzen, Start-Ups etc.

Taschengeld

Es gibt sogar einen Taschengeldparagraf, der besagt, dass Kinder ab 7 Jahren schon wirksame Kaufverträge schließen können, wenn sie den Kaufpreis von ihrem Taschengeld bezahlen (§ 110 BGB). Was du im Laden vor Ort bekommst und direkt bar bezahlst, ist davon abgedeckt, Käufe im Internet oder auf Kredit kannst du noch nicht tätigen. Wie hoch der Betrag sein darf, hängt von der Höhe deines Taschengeldes ab. Bekommst du sehr viel Geld von deinen Eltern oder Großeltern, kann auch der Kauf eines Fahrrads oder einer Spielekonsole unter den Taschengeldparagrafen fallen.

Über dein Taschengeld darfst du fast ganz frei bestimmen. Fast, weil du dir nur Dinge anschaffen darfst, die altersgerecht und nicht für Jugendliche verboten sind. Du darfst dein Geld mit 13 also nicht für Bier ausgeben. Kaufst du aber nur erlaubte Produkte, ist es allein dir überlassen, ob du alles am Monatsersten ausgibst und vielleicht für unsinniges Zeug verwendest. Das Taschengeld dient dazu, dass du den richtigen Umgang mit Geld lernst. Wenn du am zweiten des Monats nichts mehr hast, wirst du dir dein Geld wahrscheinlich im nächsten Monat besser einteilen. Und ein gelegentlicher Fehlkauf führt dazu, dass du in Zukunft genauer darüber nachdenkst, was du wirklich haben möchtest. Mach ruhig ein paar Fehler, denn dadurch wirst du klüger!

#32 **Mit deinem Taschengeld sollst du einen vernünftigen Umgang mit Geld lernen.** *Keine Angst vor Fehlkäufen, denn je früher du daraus lernst, desto weniger verschwendest du in Zukunft!*

Mein erstes eigenes Konto

Wenn deine Großeltern dir gelegentlich Geld zu Weihnachten oder zum Geburtstag schenken, kann sich ein eigenes Konto schon für dich lohnen. Deine Eltern können auch dein Taschengeld direkt aufs Konto überweisen. Dann lernst du besonders schnell, selbstständig zu wirtschaften. Und wenn du eine Weile sparsam warst, kannst du dich belohnen und dir sogar einen größeren Wunsch erfüllen.

Die meisten Banken bieten für Kinder und Jugendliche kostenlose Girokonten an, die als Guthabenkonten geführt werden. Du kannst also nur Geld abheben oder an Dritte überweisen, wenn genug auf deinem Konto ist. Bei der Auswahl der Bank solltest du darauf achten, ob du auch eine Girocard kostenlos bekommst. Damit kannst du an Geldautomaten Bargeld abheben oder dir Kontoauszüge ausdrucken. Viele Banken geben auch an Jugendliche schon Kreditkarten aus, allerdings nur mit Prepaid-Funktion. Du kannst damit nur Geld abheben, wenn vorher ein ausreichendes Guthaben aufgeladen wurde. Besonders praktisch ist eine solche Karte für dich, wenn du einmal ohne deine Eltern ins Ausland fährst. Hast du dein Geld aufgebraucht, können deine Eltern von zu Hause dein Guthaben wieder aufladen.

Auf der Suche nach einer Bank kannst du dich natürlich daran orientieren, wo deine Eltern ihre Konten haben. Denn du bekommst als Familienangehöriger oft besonders gute Konditionen. Aber du darfst dich auch für eine andere Bank entscheiden, wenn du dort ein besseres Angebot für dich findest. Denk daran, dass du normalerweise nur an den Automaten deiner Bank kostenlos mit deiner Karte Geld abheben kannst. Wähle eine Bank aus, die genügend Geldautomaten unterhält, von denen mindestens einer in deiner Nähe ist.

Minijobs

Ein Schülerjob ist eine tolle Sache, du kannst dein Taschengeld aufbessern, musst nicht dauernd deine Eltern um Geld bitten und schnupperst schon einmal ins Berufsleben hinein. Schon mit 13 kannst du leichte Arbeiten übernehmen, zum Beispiel Babysitting oder Hundesitting. Du kannst auch jüngeren Kindern Nachhilfe geben, Einkäufe für alte oder kranke Menschen erledigen oder Prospekte austragen. Voraussetzung ist immer, dass deine Eltern einverstanden sind, du höchstens zwei Stunden täglich arbeitest und deine Arbeitszeit zwischen 8 und 18 Uhr liegt.

Sobald du 15 bist, hast du dann weitere Möglichkeiten, du kannst dir für bis zu vier Wochen einen Ferienjob suchen und dann schon bis zu 8 Stunden am Tag/ 40 Stunden pro Woche arbeiten. Als Minderjähriger darfst du allerdings keine gefährlichen Tätigkeiten ausüben und nicht nachts arbeiten, sondern nur zwischen 6 und 20 Uhr. Du kannst auch schon einen dauerhaften Minijob neben der Schule annehmen, zum Beispiel an zwei Nachmittagen pro Woche. Sieh dich in der Gastronomie, im Verkauf, in der Landwirtschaft oder in der Alten- und Krankenpflege um, in einer dieser Branchen findest du bestimmt den passenden Job für dich. Wenn du 16 wirst, ändert sich nicht mehr viel, es gelten im Grunde dieselben Regeln wie für 15-Jährige. Nur die Vorgaben zur Arbeitszeit werden etwas lockerer, du kannst zum Beispiel in der Gastronomie jetzt schon bis 22 Uhr arbeiten.

Als Teenager schon Geld investieren?

Wenn du von deinen ersten Jobs etwas Geld übrig hast, solltest du es gleich clever anlegen. Vielleicht möchtest du nach der Schule ein Jahr ins Ausland oder du sparst schon einmal für den Führerschein. Die klassische, ganz sichere Geldanlage ist das Sparkonto, das dir aber leider kaum Zinsen einbringt. Als sichere Alternative gibt es das Tagesgeldkonto, das dir zwar ebenso wenig Rendite, aber dafür volle Flexibilität verspricht. Während du beim Sparbuch zumeist eine längere Kündigungsfrist einhalten musst, kannst du dein Geld vom Tagesgeldkonto jederzeit abheben, wenn du es brauchst.

Möchtest du dein Geld aber sichtbar vermehren, bleiben dir nur Anlageformen übrig, die auch ein gewisses Risiko mit sich bringen, zum Beispiel Aktien, Aktienfonds oder Wertpapiersparpläne. Solche Anlagen darfst du ohne Erlaubnis deiner Erziehungsberechtigten noch nicht tätigen. Sprich mit deinen Eltern, legt gemeinsam ein Sparziel für dich fest und entscheidet euch für eine solide Anlageform.

Aktien, Wertpapiersparpläne und ETFs

Du darfst zwar als Jugendlicher allein noch keine Aktien kaufen, wenn aber deine Eltern sie für dich erwerben und in einem Depot anlegen, kannst du anschließend selbst darüber verfügen. Du solltest jedoch nicht direkt in den riskanten Aktienhandel einsteigen, sondern dich zuerst einmal vorsichtig an Wertpapiere herantasten. Eine relativ sichere Möglichkeit, um dir langfristig Vermögen aufzubauen, ist ein Aktien- oder Wertpapiersparplan. Ein Depot kannst du dir entweder bei deiner Bank, einem Online-Broker oder einer seriösen Geldanlageplattform einrichten. Es gibt unterschiedliche Sparpläne, die auf verschiedene Arten von Anlagen ausgerichtet sind, etwa auf Aktien, Fonds oder Zertifikate. Du kannst bereits mit einer kleinen Summe ab 25 Euro einsteigen und regelmäßig einen bestimmten Betrag einzahlen. Der Sparplan läuft so lange, bis die vorgesehene Laufzeit zu Ende ist oder du kündigst. Wenn du Glück hast, hat sich dein Geld bis dahin deutlich vermehrt.

Eine besondere Form des Wertpapiersparplans ist der sogenannte ETF, Exchange Trading Fund. Dieser Fond ist an einen Index gebunden, zum Beispiel den Deutschen Aktienindex DAX, den er mit bekannten Aktien 1:1 abbildet. Wenn der DAX steigt, erhöht sich auch der Wert deiner Einlage. Bei dieser Anlageform kannst du zwar auch Geld verlieren, das Risiko ist bei einer langfristigen Anlage aber sehr gering, weil dein Aktienpaket breit gestreut ist.

Start-up gründen, geht das?

Du hast eine tolle Geschäftsidee und möchtest ein Start-up gründen? Das geht! Auch Minderjährige können bereits ein eigenes Unternehmen führen, zum Beispiel als Einzelunternehmen, GbR oder GmbH in Gründung. Voraussetzung ist aber stets die Zustimmung deiner Erziehungsberechtigten und des Familiengerichts. Du musst also zuerst deine Eltern von deiner Idee überzeugen.

Nach § 112 Abs. 1 BGB gelten Minderjährige, die mit Genehmigung der Eltern und des Familiengerichts ein Geschäft betreiben, für alle Rechtsgeschäfte, die in Zusammenhang mit dem Betrieb stehen, als unbeschränkt geschäftsfähig. Du darfst also dann im eigenen Namen Verträge mit deinen Kunden schließen und Produkte für dein Unternehmen einkaufen. Die Beteiligung des Familiengerichts hat der Gesetzgeber zum einen vorgesehen, damit du dich finanziell nicht übernimmst und dann womöglich mit einem riesigen Schuldenberg ins Erwachsenenleben startest. Zum anderen sollst du aber auch vor deinen Eltern geschützt werden. Denn ohne gerichtliche Kontrolle könnten Eltern ihre Unternehmen einfach im Namen ihrer Kinder gründen, die dann für ihre Verbindlichkeiten einstehen müssten.

Bevor die Familiengerichte ihre Genehmigung erteilen, sprechen sie mit deinen Eltern und prüfen deine Geschäftsidee, um die Erfolgsaussichten und Risiken abzuschätzen. Du bekommst sozusagen eine kostenlose Bewertung deines Businessplans. Wenn dein Plan solide ist und deine Eltern offensichtlich keine schlechten Absichten verfolgen, wird das Gericht dir grünes Licht geben. Ab dann bist du dein eigener Chef. Deine Eltern können ihre Zustimmung nicht einfach wieder zurückziehen, wenn sie es sich anders überlegen. Denn für die Rücknahme wäre wiederum die Genehmigung des Gerichts nötig.

Brauche ich Versicherungen?

Die wichtigsten Versicherungen für Teenager sind die Krankenversicherung und die private Haftpflichtversicherung. Wenn du krank wirst oder einen Unfall hast und operiert werden musst, können hohe Kosten entstehen. Deine Krankenvollversicherung deckt dann alle Kosten für nötige Behandlungen und medizinische Hilfsmittel ab. Die Haftpflichtversicherung tritt ein, wenn du aus Versehen anderen Menschen Schaden zufügst. Stell dir vor, du bist bei Freunden zu Besuch und trittst auf ein herumliegendes Notebook. Die Haftpflicht erstattet den Schaden, also die Reparaturkosten oder den Preis eines gleichwertigen Geräts.

Solange du minderjährig bist und bei deinen Eltern im Haushalt wohnst, bist du in diesen beiden Versicherungen zumeist im Familientarif deiner Eltern mitversichert. Die Haftpflichtversicherung kannst du noch bis zum Ende deiner ersten Ausbildung nutzen. Auch die Krankenversicherung besteht noch nach deinem 18. Geburtstag fort, wenn du weiterhin kein Einkommen hast, also zur Schule gehst oder studierst. Nur wenn du eine Ausbildung beginnst, mit der du ein Einkommen erzielst, musst du dich um eine eigene Krankenversicherung kümmern. Weitere Versicherungen brauchst du als Teenager nur, wenn du schon motorisiert unterwegs bist oder ein Geschäft betreibst. Für dein Start-up könnten eine Betriebshaftpflichtversicherung und eine Rechtsschutzversicherung sinnvoll sein.

Unnötige Abos vermeiden

Es geht ganz schnell: Du drückst auf deinem Smartphone einen Button und hast schon ein neues Abo abgeschlossen. Wenn du dann zu bequem bist, um dich darum zu kümmern, zahlst du vielleicht monatelang für Dienste, die du gar nicht brauchst. Verschaff dir zuerst einen Überblick über deine laufenden Abos. Sowohl bei Apple als auch bei Android gibt es einen Abonnementmanager, der dir alle gebuchten Dienste übersichtlich auflistet. Geh jedes Angebot durch und überleg dir genau, ob du es kündigen kannst. Zum Glück ist auch die Kündigung meistens ganz unkompliziert: Auf deinem Handy kannst du im Apple Store oder Google Play Store auf das entsprechende Angebot klicken und bekommst die Kündigungsoption angezeigt. Wenn du andere Online-Dienste wie Netflix oder Spotify abonniert hast, findest du die Möglichkeit zur Kündigung jeweils dort auf deiner Kontoseite.

Immer wieder tauchen im Netz betrügerische Abofallen auf, die dich zum Klick auf ein Werbebanner verleiten. Wenn du dieses anklickst, hast du angeblich schon ein kostenpflichtiges Angebot abgeschlossen. Du merkst es erst, wenn der Betrag auf deiner nächsten Handyrechnung erscheint. Falls du in eine Falle getappt bist, setze dich schnell zur Wehr. Du findest die Kontaktdaten des Anbieters auf der Mobilfunkrechnung. Du kannst einen Musterbrief der Verbraucherzentrale verwenden, um den Kosten zu widersprechen und vorsorglich das Abo fristlos zu kündigen. Was du nicht wissentlich bestellt hast, musst du auch nicht bezahlen. In Zukunft kannst du dich vor Abofallen wirksam schützen, indem du eine Drittanbietersperre bei deinem Mobilfunkanbieter aktivierst. Je nach Anbieter kannst du diese Sperre entweder online oder unter einer kostenlosen Servicerufnummer einrichten lassen.

#33 **Eröffne dein erstes eigenes Konto bei einer Bank,** *die genügend Geldautomaten in deiner Nähe hat. Such dir ein Girokonto aus, zu dem du eine kostenlose Girocard und eventuell eine Prepaid-Kreditkarte bekommst.*

#34 **Such dir einen Minijob.** *Die Vorteile: Du verdienst dein erstes eigenes Geld, entlastet deine Eltern, wirst selbstständiger und sammelst Erfahrungen für dein späteres Berufsleben.*

#35 **Schon von deinem ersten Geld solltest du etwas zur Seite legen.** *Du kannst es sicher auf dem Sparkonto oder Tagesgeldkonto parken. Wenn du dein Geld aber vermehren möchtest, sprich mit deinen Eltern über einen lukrativen Sparplan.*

#36 **Informiere dich über die besten Anlagemöglichkeiten!** *Du kannst schon jetzt anfangen, mit kleinen Beträgen in deine Zukunft zu investieren.*

#37 **Wenn du eine tolle Geschäftsidee hast,** *kannst du dein eigenes Start-up gründen. Du musst nur deine Eltern überzeugen und einen Antrag beim Familiengericht stellen. Über die Wahl der Rechtsform und die steuerlichen Aspekte solltest du dich von einem Profi beraten lassen.*

#38 **Solange du bei deinen Eltern wohnst und zur Schule gehst,** *musst du dir normalerweise noch keine Gedanken um Versicherungen machen. Du brauchst nur dann eigene Versicherungen, wenn du dir ein Kraftfahrzeug anschaffst, eine bezahlte Ausbildung beginnst oder ein Unternehmen gründest.*

#39 **Kontrolliere regelmäßig deine laufenden Abos** *und kündige alle, die du nicht mehr benötigst. Schütze dich vor Abofallen, indem du eine Drittanbietersperre bei deinem Mobilfunkanbieter einrichten lässt.*

Glück

Was ist Glück?

Jeder möchte Glück haben und glücklich sein, aber was ist eigentlich Glück? Eine eindeutige Definition gibt es nicht, denn Menschen empfinden ihr Glück oder Unglück ganz individuell. Der eine ist glücklich, wenn er viel Geld verdient, für andere ist es das größte Glück, mit Freunden und Familie zusammen zu sein oder den Traumjob gefunden zu haben. Ein altes Sprichwort sagt: „Jeder ist seines Glückes Schmied", und das stimmt sogar. Du kannst zwar nicht beeinflussen, ob du im Lotto gewinnst, aber du kannst lernen, glücklich zu sein.

Zuerst solltest du dir über deine positiven und negativen Emotionen klar werden. Negative Gefühle einfach zu verdrängen, funktioniert auf Dauer nicht. Aber du kommst einen großen Schritt vorwärts, wenn du herausfindest, was dich frustriert oder ärgert und was dich glücklich macht. Wann fühlst du dich wohl und wann nicht? Wie reagieren deine Psyche und dein Körper auf bestimmte Situationen? Nach und nach wirst du deine Gefühlswelt immer besser verstehen. Als Nächstes musst du lernen, alle Dinge, die du nicht ändern kannst, zu akzeptieren. Gedanken wie „Was wäre wenn ..." und „Hätte ich doch bloß ..." bringen dich nicht weiter. Frag dich lieber, wie du vom jetzigen Standpunkt aus das Beste aus der Situation machen kannst. Anstatt aber auf ein ganz großes Ziel hinzuarbeiten und alles andere aus dem Blickfeld zu verlieren, musst du immer wieder eine Pause einlegen, um die vielen kleinen Glücksmomente im Alltag nicht zu verpassen. Nimm dir jeden Tag genug Zeit für etwas Schönes, lies zum Beispiel ein gutes Buch, betrachte den Sonnenuntergang mit Freunden oder führe ein nettes Gespräch.

Muss ich gut in der Schule sein?

Gut in der Schule zu sein, erleichtert dir das Leben. Schlechte Schüler ärgern sich häufig über sich selbst, zweifeln an ihren Fähigkeiten, bekommen Stress mit Eltern und Lehrern und müssen sich dauernd anhören, dass aus ihnen später „nichts werden" kann (was Quatsch ist). Das alles frustriert sie natürlich noch mehr und führt zu Blockaden im Kopf. Tatsächlich dient ein guter Schulabschluss als Eintrittskarte in die Berufswelt. Ohne einen ordentlichen Abschluss hast du es schwerer. Aber Arbeit ist auch nicht alles im Leben. Und dass du „nichts wirst", ist völliger Quatsch, denn du bist ja schon jemand. Auch schwache Schüler können später extrem erfolgreich werden, ein glückliches Leben führen, viele Freunde finden und jede Menge Spaß haben. Notfalls lassen sich Schulabschlüsse auch noch im Erwachsenenalter nachholen. Sich wegen schulischer Schwächen unter Stress zu setzen, ist deshalb der falsche Weg.

Trotzdem wäre es gut, wenn du gute Noten hättest, denn dann könntest du dich besser fühlen und deine Eltern würden sich weniger Sorgen um dich machen. Versuche, zusammen mit deinen Eltern und Lehrern herauszufinden, worin die Ursache deiner Schulprobleme liegt. Hast du nur in bestimmten Fächern schlechte Noten? Dann hilft dir vielleicht eine Lerngruppe oder ein Nachhilfelehrer, um dir einen Schubs zu geben. Vielleicht kannst du aber auch außerhalb der Schule besser lernen. Dann solltest du dir den Schulstoff im Museum oder in Online-Tutorials anschaulicher vermitteln lassen. Oder leiden deine Noten in allen Fächern? Dann könnte eine falsche Arbeitsweise oder schlechte Organisation der Grund sein. Deine Arbeits- und Lernroutine kannst du selbst verbessern, also fang gleich damit an!

#40 **Was Glück ist, musst du für dich persönlich herausfinden.** *Wenn du aber in allem das Positive entdeckst und auch die kleinsten glücklichen Momente genießt, kommst du deinem Glück jeden Tag ein Stück näher. Und mach dir keinen Druck: Auch vermeintlich schlechte Gefühle gehören zu einem erfüllten Leben dazu.*

#41 **Schlechte Noten?** *Setz dich nicht unter Stress, denn dein zukünftiges Leben hängt nicht allein von deinem nächsten Zeugnis ab. Bleib gelassen, versuche, die Ursache deiner Probleme herauszufinden und verbessere dich Schritt für Schritt.*

Beliebt in der Schule – und wenn nicht?

Du möchtest beliebt sein? Es hat natürlich Vorteile, zu jeder Party eingeladen zu werden und immer mit den coolsten Leuten abzuhängen. Frage dich aber zuerst, woran es liegt, dass andere offenbar besser ankommen als du. Manche Schüler werden nur von allen anerkannt, weil sie besonders viel Geld oder den coolsten Style haben, andere, weil sie klug oder besonders nett und hilfsbereit sind. Einige dieser Gründe sind oberflächlich und nicht lange haltbar. Wer zum Beispiel beliebt ist, weil er trendy aussieht, muss ständig an seinem Styling arbeiten, um nicht von anderen überholt zu werden und seine Fans zu verlieren. Außerdem kann Beliebtheit auch Nachteile haben. Denn wer allseits bewundert wird, steht dauernd im Rampenlicht und muss sich auf Schritt und Tritt beobachten und bewerten lassen.

Du musst auch nicht bei allen beliebt sein. Egal was du tust, es wird immer Menschen geben, die dich nicht mögen. Versuche also nicht, es allen recht zu machen. Wenn du aber unglücklich bist, weil du dich als totaler Außenseiter fühlst, kannst du versuchen, dich Schritt für Schritt besser in die Klassengemeinschaft zu integrieren.

Sei nett und hilfsbereit

Wenn du freundlich zu anderen bist und ihnen bei Bedarf deine Hilfe anbietest, wirst du langsam, aber dauerhaft beliebter. Bleib möglichst bescheiden und gib weder mit deinen Leistungen noch mit teuren Sachen lauthals an.

Stehe zu deinen Überzeugungen

Bilde dir immer deine eigene Meinung und steh zu deinen Überzeugungen. Nur nachzubeten, was andere sagen, wird leicht als Schleimerei angesehen und macht dich unbeliebt.

Du bist gut so, wie du bist

Alle Menschen haben Stärken und Schwächen, jedenfalls empfinden sie es so, weil sie bestimmte Eigenschaften positiv und andere als negativ bewerten. Eigentlich sind menschliche Eigenschaften neutral, und was in der einen Situation von Nachteil ist, kann sogar in einer anderen ein Pluspunkt sein.

Im Moment hast du wahrscheinlich das Gefühl, dass alle anderen attraktiver, klüger und erfolgreicher sind als du. Das siehst du aber völlig falsch! Es erscheint dir nur so, weil du dich immer mit denen vergleichst, die auf einem bestimmten Gebiet besonders hervorstechen. Wenn du dich in der ganzen Schule umsiehst, wirst du natürlich jemanden finden, der längere Beine hat oder besser in Mathe ist. Vergleich dich nicht mit anderen, denn das kann dich nur frustrieren. Frag dich lieber, was du besonders gut kannst und welche angenehmen Eigenschaften dich auszeichnen. Bist du vielleicht gut in Latein, kannst Flöte spielen oder hängst beim 100-Meter-Lauf alle ab? Oder bist du ein besonders hilfsbereiter Typ, der gut mit alten oder kranken Menschen umgehen kann? Du hast ganz sicher eine Menge starker Seiten. Mach dir aber auch bewusst, was dir nicht so liegt, und frag dich, ob und wie du dich verbessern kannst. Wenn du dich schließlich so akzeptierst, wie du bist, wirst du ein starkes Selbstbewusstsein entwickeln und von der Meinung anderer unabhängig werden.

Journaling/Glücks-Tagebuch

Hast du manchmal das Gefühl, dass alles schiefgeht? Die Englischarbeit war ein Fehlschlag, deine beste Freundin ist weggezogen und du hast auch noch eine Erkältung, die einfach nicht verschwinden will! Dann hast du jetzt ja Zeit und Ruhe, um mit dem Journaling anzufangen. Besorg dir ein richtig schönes, dickes Heft, das du gern in der Hand hältst und in das du gern schreiben möchtest. Das wird dein Glückstagebuch. Schreib jeden Abend drei schöne Ereignisse des Tages darin auf. Du musst nicht immer riesige Erfolge reinschreiben, auch Kleinigkeiten, die dir den Tag ein wenig verschönert haben, gehören in dein Buch. Dann schreib jeweils dazu, wie es zu dem glücklichen Moment gekommen ist. Hast du vielleicht selbst durch dein Verhalten etwas dazu beigetragen?

Das Schreiben wird dir dabei helfen, den Blick verstärkt auf die positiven Seiten deines Lebens zu richten. Und es geht dir schon beim Schreiben gut, denn dein Gehirn unterscheidet nicht zwischen dem echten Leben und der Erinnerung, und du kannst jeden angenehmen Moment am Abend noch einmal erleben. Außerdem wirst du immer besser verstehen, wie du durch dein eigenes Zutun deinem Glück auf die Sprünge helfen kannst. Dein Buch kannst du dir jederzeit wieder vornehmen, wenn es dir gerade nicht so gut geht. Dann erlebe die schönen Ereignisse noch einmal und fühl dich sofort besser!

Meine Ziele

Welche Ziele hast du im Leben? Möchtest du reich, erfolgreich und schön sein, später einen tollen Beruf, ein teures Auto und die hippsten Kleider haben? Du bist nicht allein, die meisten Menschen streben vor allem nach Geld, Schönheit und einem hohen gesellschaftlichen Status. Aber nicht jeder wird automatisch glücklich, wenn er seine Ziele erreicht. Denn wir Menschen sind nicht sicher davor, den falschen Zielen nachzujagen. Es gibt die sogenannten „extrinsischen Ziele", die nicht von uns selbst, sondern nur von anderen definiert und bewertet werden können. Dazu gehören etwa Reichtum und Berühmtheit. Du selbst fühlst dich vielleicht schon reich, wenn du dir alles kaufen kannst, was du brauchst. Andere messen deinen Reichtum aber daran, wie viele überflüssige Luxusgüter du besitzt. Im Gegensatz dazu sind „intrinsische Ziele" solche, die du selbst erreichen möchtest, ganz unabhängig davon, wie andere sie bewerten.

Dauerhaft glücklich wirst du am ehesten, wenn du deine ganz eigenen Ziele verfolgst. Dabei ist es nicht verkehrt, wenn du Geld verdienen möchtest, um dir deine sehnlichsten Wünsche zu erfüllen. Du kannst auch glücklich werden, wenn du zum Beispiel Tiermedizin studierst, weil du anschließend in deinem Traumjob als Tierarzt arbeiten darfst. Studierst du allerdings nur, weil du denkst, dass du dann Geld und Anerkennung bekommst, wirst du in deinem Beruf wahrscheinlich keine Erfüllung finden. Frag dich also bei allen Zielen, die du anstrebst, nach dem wahren Grund.

Sich um andere kümmern

Anderen Menschen zu helfen, macht glücklich. Wenn du dich sozial engagierst und dich um andere kümmerst, tust du nicht nur den anderen etwas Gutes, sondern auch dir selbst. Dein Selbstwertgefühl steigt, weil du stolz auf deinen Einsatz sein kannst. Wenn du mit hilfsbedürftigen oder kranken Menschen zu tun hast, musst du bestimmt auch hin und wieder kreativ werden, um Lösungen für anstehende Probleme zu finden. So lernst du nebenbei, dich neuen Herausforderungen zu stellen. Das wird dir später helfen, Krisen aller Art leichter zu bewältigen. Außerdem erfährst du beim Helfen Dankbarkeit und Anerkennung. Dazu kommt, dass du tiefe Verbundenheit mit den Menschen empfinden kannst, die deine Hilfe brauchen. Dies sind wichtige Erfahrungen, die deine persönliche Entwicklung fördern.

Bestimmt gibt es in deiner näheren Umgebung Menschen, denen du helfen könntest. Vielleicht kann eine ältere Dame in der Nachbarschaft nicht mehr allein einkaufen oder ihren Hund ausführen. Oder eine alleinerziehende Mutter schafft es nicht, vor der Arbeit ihr Kind zur Kita zu bringen. Du kannst auch ins nächste Altenheim oder Krankenhaus gehen und fragen, wer sich darüber freuen würde, im Rollstuhl spazieren zu fahren. Es gibt überall etwas zu tun.

#42 **Schön, wenn dich alle mögen und du viele Freunde hast.** *Wenn nicht, kannst du versuchen, deine Beliebtheit zu steigern: Sei nett und hilfsbereit, aber bleib dir selbst treu, anstatt andere zu imitieren. Und mach dir keinen Stress, du kannst nicht von allen gemocht werden.*

#43 **Akzeptiere dich so, wie du bist!** *Anstatt dich mit anderen zu vergleichen, mach dir lieber deine eigenen Stärken bewusst. Wenn du dann auch noch deine Schwächen annehmen kannst, bist du auf dem besten Weg, ein selbstbewusster und glücklicher Mensch zu werden.*

#44 **Leg dir ein Glückstagebuch an.** *Schreib jeden Abend drei schöne Ereignisse des Tages auf und führe aus, wie es dazu gekommen ist. Wenn du einen schlechten Tag hast, lies in deinen Erinnerungen und du wirst dich schnell besser fühlen.*

#45 **Steck dir Lebensziele,** *die nicht von der Bewertung anderer abhängig sind, denn die machen dich nicht auf Dauer glücklich. Arbeite mit vollem Einsatz auf deine eigenen Ziele hin und lass dich auch bei Rückschlägen nicht entmutigen!*

#46 **Kümmere dich um andere:** *Du tust nicht nur den anderen etwas Gutes, sondern auch dir. Beim Helfen steigt dein Selbstwertgefühl, du wirst kreativ und krisenfest und kannst Verbundenheit mit deinen Mitmenschen empfinden.*

Die erste Liebe

Das erste Mal verliebt

Bestimmt hast du schon im Kindergarten oder in der Grundschule einen Schwarm gehabt, den du ganz besonders mochtest und der dein Herz höherschlagen ließ. Aber jetzt als Teenager bist du plötzlich so richtig in jemanden verknallt, und es fühlt sich ganz anders an. Auf der ersten Stufe des Verliebtseins findest du jemanden sehr interessant und anziehend und suchst häufig seine Nähe. Ohne dass du es merkst, betrachtest du die auserwählte Person durch eine rosarote Brille und findest einfach alles an ihr toll. Dann überrollen dich Hormone und Gefühle und du denkst, dass dein Leben nur mit diesem einen Menschen einen Sinn ergibt. Aus deiner Verliebtheit könnte sich mit der Zeit echte Liebe entwickeln, aber das passiert nicht immer. Manchmal merkst du nach ein paar Wochen, dass du dich plötzlich viel mehr für jemand anderen interessierst. Aber vielleicht hält die Begeisterung auch an und bekommt die Chance, sich zu einem gefestigten, tieferen Gefühl zu entwickeln.

Viele Erwachsene behaupten, dass Teenager sich noch gar nicht richtig verlieben können. So pauschal stimmt das aber nicht. Es gibt einige Paare, die schon mit 15 zusammenkommen und ihr halbes oder sogar ganzes Leben gemeinsam verbringen. Die meisten aber brauchen viele Jahre, um auszuprobieren, wer zu ihnen passt und wer nicht. Mach dir erst einmal keine Gedanken über die Zukunft, sondern genieße deine erste Liebe, solange sie anhält!

Dieses komische Gefühl, was ist das überhaupt?

Bist du nicht sicher, was mit dir los ist? Könnte vielleicht die erste Verliebtheit für deinen Ausnahmezustand verantwortlich sein? An deinem Alter kannst du es nicht festmachen, denn manch einer verliebt sich zum ersten Mal mit 12, andere entdecken die Liebe erst mit 25. Durchschnittlich sind Teenager heute mit 15 zum ersten Mal verliebt. Frage dich, wie oft dir eine bestimmte Person in den Sinn kommt. Denkst du fast ständig an sie? Wünschst du dir in vielen Situationen, mit ihr zusammen zu sein, auch bei ganz banalen Tätigkeiten wie bei den Hausaufgaben oder beim Einkaufen? Vermisst du die Person, wenn du sie längere Zeit nicht siehst? All das sind typische Anzeichen dafür, dass du verliebt bist. Die erste Liebe macht sich auch körperlich stark bemerkbar, weil dein Gehirn vermehrt Hormone ausschüttet. Vor allem Dopamin, Adrenalin und Serotonin sorgen bei jeder Begegnung für Kribbeln im Bauch und Glücksgefühle. Und erst beim ersten Kuss! Diese starken Körperreaktionen halten aber zumeist nur zwischen vier Wochen und sechs Monaten an.

Wenn du wissen möchtest, ob deine Zuneigung über eine flüchtige Schwärmerei hinausgeht, dann solltest du dir genau überlegen, was du an deiner oder deinem Auserwählten so magst. Schreib dir eine Liste mit allen positiven Eigenschaften und Merkmalen. Vielleicht merkst du dabei, dass die Person tatsächlich auch ein paar negative Eigenheiten hat. Das ist ein gutes Zeichen. Denn wenn dir nur Positives einfällt, hast du deinen Schwarm wahrscheinlich stark idealisiert. Siehst du aber, dass er oder sie auch kleine Schwächen hat, scheinst du dich wirklich für die Person zu begeistern und nicht nur für ein Wunschbild.

Soll ich ihn/sie ansprechen?

Die Zeiten, in denen der Mann den ersten Schritt machen musste, sind endgültig vorbei. Mädchen müssen nicht mehr schüchtern in der Ecke stehen und warten, sondern dürfen selbst auf einen Jungen zugehen, der ihnen gefällt. Sie sind sogar im Vorteil, denn da Jungen nach wie vor seltener angesprochen werden als Mädchen, fühlen sie sich meistens geschmeichelt und freuen sich über weibliche Initiative. Viel falsch machen kannst du gar nicht!
Aber für alle gilt: Auswendig gelernte Anmachsprüche kommen selten gut an. Beginne lieber ein persönliches, unverfängliches Gespräch, das sich aus der Situation entwickelt. Stehst du zum Beispiel neben einem netten Jungen in der Schulkantine, kannst du ihm einen Tipp geben, welches Sandwich besonders gut ist. Wenn du aufmerksam und freundlich bist, kommt ihr leicht ins Gespräch.

Traust du dich nicht, jemanden anzusprechen, weil du Angst hast, rot zu werden oder zu stottern? Keine Sorge, dein Gegenüber kennt dieses Problem bestimmt selbst. Etwas Schüchternheit kann auch ganz süß wirken. Er oder sie wird bestimmt schon deinen Mut zu schätzen wissen, wenn du den ersten Schritt machst. Und das Allerschlimmste, was passieren kann, ist, dass du zurückgewiesen wirst. Na und? Beim nächsten Mal klappt es besser!

Erstes Treffen/Dates

Das erste Date steht an und du bist wahnsinnig nervös. Du möchtest bloß nichts falsch machen und überlegst schon einen Tag vorher, was du anziehen möchtest. Das ist völlig in Ordnung, aber du solltest dich weder verkleiden noch verstellen. Mach keine Experimente, sondern zieh dich so an, dass du dich wohlfühlst und deine Kleidung zum Anlass passt. Wenn du den Ort eures Treffens wählst, dann such dir eine Umgebung aus, in der ihr automatisch etwas zu tun habt und nicht nur nervös oder schweigend nebeneinandersitzt. Geht ins Schwimmbad oder ins Kino, ins Museum oder in die Eislaufhalle. Leg dir ruhig frühzeitig die passende Kleidung heraus, damit du später nicht in Stress gerätst. Mach dir im Übrigen aber keine großen Gedanken um dein Äußeres, denn dein Schwarm sollte dich ganz natürlich mögen.

Sei möglichst offen und ehrlich und gib dich so, wie du bist. Lächeln kommt immer gut an und wenn er oder sie dich richtig zum Lachen bringt, ist es noch besser. Rede nicht allzu viel von dir, sondern gib deinem Gegenüber auch genug Zeit, um etwas von sich zu erzählen. Er oder sie wird sich freuen, einen aufmerksamen Zuhörer zu finden.

Wenn du auch noch folgende No-Gos beachtest, wird es bestimmt super laufen:

- komm nicht zu spät,
- fummele nicht dauernd an deinem Handy herum und
- lästere nicht über andere.

#47 Deine erste Liebe kann, aber muss nicht ewig halten. *Denk nicht an die Zukunft, sondern genieße jeden Moment. Als Teenager kannst und sollst du unbeschwert sein!*

#48 Wundere dich nicht, falls die erste Verliebtheit nach einiger Zeit nachlässt. *Dein Gehirn schüttet beim Verlieben jede Menge Glückshormone aus, aber der körperliche Ausnahmezustand hält nicht endlos an.*

#49 Wenn dir jemand gefällt, sprich ihn oder sie einfach an! *Du kannst nichts verlieren und kaum etwas falsch machen. Solltest du nicht gut ankommen, mach dir nichts daraus. Dann hast du für das nächste Mal geübt.*

#50 Sei beim ersten Date du selbst. *Konzentriere dich voll auf dein Gegenüber, hör aufmerksam zu, erzähl ein bisschen von dir und lächle oder lache, wenn dir danach ist. Versuche bloß nicht, dich zu verstellen!*

Die erste Beziehung

Gerade wenn du noch jung bist, können andere Menschen es oft nicht lassen, deine erste Beziehung zu kommentieren und dir hineinzureden. Deine Eltern, Geschwister oder Freunde meinen eventuell, dass jemand anderes besser zu dir passen würde. Lass dich davon nicht beeinflussen! Du hast dir deinen Freund oder deine Freundin ausgesucht und wirst mit der Zeit selbst merken, ob du eine gute Wahl getroffen hast. Redet lieber miteinander: Ihr könnt und sollt über alles sprechen, eure Träume, eure Ängste, eure Wünsche, eure Vorstellung von einer gemeinsamen Zukunft. Hört euch gegenseitig gut zu und seid immer aufrichtig. Ehrlichkeit und Treue sind in deinem Alter schon genauso wichtig wie im späteren Leben. Du möchtest bestimmt nicht, dass dein Freund hinter deinem Rücken andere Mädchen datet. Also mach so etwas auch nicht mit ihm!

Versuche, deinen Freund oder deine Freundin niemals einzuengen oder zu kontrollieren. Im Handy oder in den E-Mails herumzuspionieren, ist ein absolutes No-Go. Eine gute Beziehung zeichnet sich dadurch aus, dass ihr euch gegenseitig vertraut. Außerdem solltet ihr eure eigenen Interessen und einen eigenen Freundeskreis behalten. Lasst euch Freiräume, unternehmt hin und wieder jeder allein etwas und freut euch dann umso mehr, wenn ihr euch wiederseht!

Unglücklich verliebt, was tun?

Einseitig verliebt zu sein, ist sehr schmerzhaft, und das wird es leider auch noch sein, wenn du schon längst erwachsen bist. Deshalb lernst du am besten ganz schnell, mit Liebeskummer fertig zu werden.

1. Es liegt nicht an dir

Selbstzweifel sind fehl am Platz. Er oder sie hat sich nicht für jemand anderen entschieden, weil deine Beine zu kurz oder deine Haare zu dünn sind. Es liegt an ihm oder ihr!

2. Mach dir keine Hoffnung

Nun kommt der schwerste Schritt: Akzeptiere, dass ihr keine gemeinsame Zukunft habt. Es ist vorbei, hoffen bringt nichts mehr.

3. Geh ihm/ihr aus dem Weg

Sowohl im echten Leben als auch auf Social Media gilt: Verbanne erst einmal den oder die Verflossene aus deinem Freundeskreis. Meide auch für eine Weile alle Orte, die dich an die gemeinsame Zeit erinnern, damit die Wunden nicht immer wieder aufreißen.

4. Gönn dir etwas

Nimm dir jetzt viel Zeit für schöne Unternehmungen mit Freunden und anderen netten Menschen. Ablenkung tut dir gut!

5. Sei wütend

Haben sich Trauer und Selbstmitleid inzwischen in Wut verwandelt? Das ist gut, dann bist du schon fast über den Berg. Lass die Wut raus. Am besten gehst du in den Wald oder ans Meer und schreist richtig laut.

6. Schwing dich zurück ins Leben

Jetzt kannst du anfangen, dein Leben wieder in Angriff zu nehmen. Was wolltest du schon lange ändern? Deine Frisur, deine Haarfarbe oder die Einrichtung deines Zimmers? Dann leg los!

Bereit fürs erste Mal?

Wann du zum ersten Mal Sex hast, das ist ganz allein deine Entscheidung. Lass dich nicht unter Druck setzen, weil die anderen in deiner Klasse es angeblich alle schon getan haben. Es spielt auch keine Rolle, ob dein Freund oder deine Freundin unbedingt mit dir schlafen möchte. Es hängt nur von dir ab: Frag dich, ob du selbst wirklich schon Lust auf Sex hast oder der Gedanke daran dir eher Angst macht oder dich anekelt. Dann sprich mit deinem Freund oder deiner Freundin offen über alle deine Ängste und Bedenken.

Wichtig ist, dass du dich vorher genau über Verhütung und Ansteckungsschutz informierst. Am besten benutzt ihr ein Kondom, das in doppelter Hinsicht schützt: Es verhindert eine Schwangerschaft und die Übertragung von Geschlechtskrankheiten. Bei Mädchen kann das erste Mal auch etwas schmerzhaft ausfallen. Das liegt einerseits daran, dass das Hymen, das sogenannte Jungfernhäutchen, einreißt, sofern es vorher noch intakt war. Dieser kurze Schmerz geht aber schnell vorbei. Es kann allerdings auch wehtun, wenn der Penis eingeführt wird, obwohl die Scheide nicht feucht genug ist. Ein ausgiebiges Vorspiel hilft zwar normalerweise, um den Scheidenfluss anzuregen, aber für den Notfall könnt ihr euch ein Gleitmittel bereitlegen. Das Entdecken der Sexualität sollte etwas Schönes und Inniges und nichts Schmerzhaftes sein.

Nein sagen können

Hast du das Gefühl, dass du selbst kaum noch existierst und dauernd nur das tust, was dein Freund oder deine Freundin möchte? Wahrscheinlich hast du Angst, ihn oder sie zu verletzen oder sogar zu verlieren, wenn du einmal Nein sagst. Eine Beziehung zu führen, heißt aber auch immer, Kompromisse einzugehen. Auf die Dauer schadest du mit übertriebener Anpassung nicht nur dir selbst, sondern auch deiner Beziehung. Dass du nach Harmonie strebst, ist zwar verständlich und grundsätzlich richtig. Du darfst aber nicht ständig zurückstecken, sonst vernachlässigst du dich und dein Selbstwertgefühl leidet darunter. Je mehr du aber den Respekt vor dir selbst verlierst, desto weniger wird dich auch dein Gegenüber respektieren.

Lerne, freundlich und respektvoll Nein zu sagen, wenn du etwas nicht möchtest. Zum Beispiel: „Ich kann leider nicht zum Geburtstag deiner Schwester mitkommen, weil ich für die Chemiearbeit lernen möchte". Damit legst du Grenzen fest, die dein Freund oder deine Freundin akzeptieren muss. Damit du glaubwürdig bleibst, darfst du nicht später wieder einknicken und deine Entscheidung revidieren. Auch wenn beim nächsten Mal eine Diskussion um eine gemeinsame Unternehmung oder das Lernen für die Schule ansteht, solltest du deinen Standpunkt vertreten. Du solltest das Neinsagen aber auch nicht übertreiben oder als Druckmittel missbrauchen. Sag nur Nein, wenn du es wirklich meinst. Dann kannst du jedes Mal stolz auf deine Ehrlichkeit sein, dir deinen Freiraum bewahren und dich ein Stückchen selbstbewusster fühlen.

#51 Sorge dafür, dass schon deine erste Beziehung super läuft! *Sei zu deinem Freund oder deiner Freundin immer aufrichtig und ehrlich und hör gut zu. Klebt nicht permanent aneinander, sondern geht ab und zu eigene Wege. Lernt euch zu vertrauen, anstatt euch zu kontrollieren.*

#52 Liebeskummer kannst du nicht verdrängen oder vorspulen, *da musst du einfach durch. Die typischen Phasen sind Selbstzweifel, Trauer, Selbstmitleid und Wut. Wenn du es aber geschafft hast, bist du viel stärker als vorher, und in Zukunft wirst du mit Rückschlägen leichter fertig.*

#53 Wann du bereit für das erste Mal bist, hat nichts mit deinem Alter zu tun. *Sex ist kein Wettkampf, und du musst nicht nachziehen, um mit den anderen in deiner Clique mitzuhalten. Nur wenn du selbst mit jemandem schlafen möchtest, bist du so weit.*

#54 Lerne, Nein zu sagen! *Du musst ab und zu deine eigenen Wünsche durchsetzen, um deine Freiräume und deine Selbstachtung zu behalten. Hab keine Angst, andere zu verärgern, denn ein respektvolles Nein kann und muss jeder akzeptieren.*

Deine Freunde und Familie

Mein Bestie und ich – warum Freundschaften wichtig sind

Schon Kleinkinder brauchen unbedingt Gleichaltrige, mit denen sie spielen können. Das Verhältnis zu Eltern und Geschwistern ist wegen des Altersunterschieds immer im Ungleichgewicht. Nur mit Freunden auf Augenhöhe können Kinder lernen, sich in andere hineinzuversetzen und Mitgefühl zu empfinden. In der Pubertät löst du dich immer mehr von deinen Eltern, weshalb deine Freunde dann noch wichtiger für dich werden. In der Gruppe könnt ihr über all die Themen reden, die zu Hause keiner versteht, ihr übt, wie sich junge Männer und Frauen verhalten, ihr lernt, in einer Gruppe zu agieren und erlebt das tolle Gefühl des Zusammenhalts.

Ob du mehrere gute Freunde oder nur einen oder eine Bestie hast, spielt keine Rolle, wichtig ist bloß, dass du Qualität über Quantität stellst. Erwachsene haben durchschnittlich 3,7 enge Freunde, etwa 11 zählen sie zu ihrem weiteren Bekanntenkreis. Zwei Drittel haben einen besten Freund oder eine beste Freundin. Vielleicht sieht es für dich so aus, als ob andere Teenager jede Menge mehr Freunde hätten als du. Bei Unmengen von Kontakten kann es sich aber nur um sehr oberflächliche und flüchtige Bekanntschaften handeln. Wenn du drei wirklich enge Freude hast, kannst du dich schon sehr glücklich schätzen. Behandle sie immer gut, damit sie dir lange erhalten bleiben!

Freunde in schwierigen Situationen unterstützen

Wenn dein Freund oder deine Freundin schwierige Zeiten durchmacht, dann überlege, wie du helfen kannst. Viele Menschen halten sich von traurigen Menschen fern, weil sie nicht wissen, was sie sagen sollen, und Angst haben, etwas falsch zu machen. Das ist aber völlig verkehrt. Denn derjenige, dem es schlecht geht, braucht jetzt Unterstützung. Oft reicht es schon, wenn jemand einfach nur da ist und zuhört.

Biete zuerst deine Hilfe an. Falls dein Freund lieber in Ruhe gelassen werden will, schreib ihm eine Nachricht und zeig ihm, dass er sich jederzeit an dich wenden kann. Sei erreichbar und zur Stelle, sobald deine Hilfe willkommen ist. Dann hör erst einmal gut zu, damit du genau verstehst, welches Problem den anderen belastet. Vielleicht hast du Erfahrungen mit einer solchen Situation und kannst kurz berichten, wie du damit umgegangen bist. Fass dich aber kurz und vergiss nicht, dass es gerade nicht um dich geht. Und wenn du tatsächlich keine Ahnung hast, dann halte dich mit Ratschlägen zurück. Sag auch nicht: „Ich weiß genau, wie du dich fühlst", wenn es nicht stimmt. Du darfst und musst ehrlich sein, denn du hast es mit einem guten Freund zu tun. Falls es deinem Gegenüber richtig schlecht geht, kannst du versuchen, auf professionelle Hilfsangebote aufmerksam zu machen. Ist der Fall nicht so schwerwiegend, muntere deinen Freund auf und lenk ihn ab. Bring ihn zum Lachen und überrede ihn, etwas Schönes zu unternehmen.

Zoff mit den Eltern

Ein bisschen Zoff in der Familie ist ganz normal, und in der Pubertät kann es auch phasenweise heftig zugehen. Aber es gibt Grenzen: Solange ihr noch vernünftig kommuniziert und nur hin und wieder laut werdet, ist alles okay. Schreit ihr euch aber nur noch an, sodass kein Gespräch mehr zustande kommt, müsst ihr einen Ausweg finden.

Zuerst musst du versuchen, mit deinen Eltern zu sprechen, wenn es Probleme gibt. Du denkst wahrscheinlich, dass sie dich sowieso nicht verstehen und es überhaupt keinen Sinn hat. Das stimmt nicht, denn auch wenn es ein Weilchen her ist, deine Eltern waren selbst einmal in deinem Alter. Du musst ihnen aber eine Chance geben, indem du ihnen erzählst, was bei dir gerade los ist. Sag ihnen, wie du dich fühlst, warum dich etwas frustriert oder warum du zu welchen Tätigkeiten keine Lust oder Zeit hast. Mach ihnen keine Vorwürfe, beleidige sie nicht und sprich immer aus deiner Perspektive. Statt „Ihr seid solche Nullchecker!", sag lieber: „Ich bin sauer, weil ...".

Wenn du deine Sichtweise geschildert hast, dann frag deine Eltern, wie sie die Sache sehen. Versuche einmal, dich in sie hineinzuversetzen. Wenn du Mutter oder Vater wärst, was würdest du von deinem Kind erwarten? Dann könnt ihr versuchen, eine Lösung für das Problem zu finden, die meistens in einem guten Kompromiss besteht. Bestimmt kannst du etwas anbieten. Hast du absolut keine Lust, deine kleine Schwester von der Kita abzuholen? Ist es dir total peinlich, von deinen Freunden mit einem Kleinkind an der Hand gesehen zu werden? Dann übernimm du doch das Kochen, damit deine Mutter oder dein Vater sich inzwischen um die Kleine kümmern kann.

Stress mit Geschwistern

Unter Geschwistern kommt es schon im Kleinkindalter zu Rangeleien, und viele streiten sich sogar noch als Erwachsene. Einer ist immer besser in der Schule und vermeintlich beliebter bei den Eltern als der andere. Dazu birgt der Altersunterschied jede Menge Konfliktpotenzial. Egal wie heftig du angegriffen wirst, lass dich niemals provozieren. Bleib cool und gelassen und antworte umso freundlicher, je mehr dich deine Geschwister ärgern. So zeigst du ihnen, dass es dich überhaupt nicht juckt und du darüber stehst.

Nerven dich zurzeit besonders deine kleinen Geschwister, weil sie dauernd in dein Zimmer rennen, wenn du mit Freunden chillst? Zeige ihnen einfach nicht, dass du dich ärgerst. Verhalte dich ganz normal und beachte sie nicht weiter. Dann macht es ihnen vielleicht gar keinen Spaß mehr und sie verlieren das Interesse. Falls das noch nicht hilft, dann gib ihnen etwas zu tun, was sie ablenkt. So wirst du sie eine Weile los, und wenn du Glück hast, vergessen sie in der Zwischenzeit sogar, dass sie dir auf die Nerven gehen wollten. Oder streitet ihr euch um eine bestimmte Sache? Dann könnt ihr sicher einen fairen Kompromiss finden. Einigt euch zum Beispiel darauf, wer heute die Vespa fahren darf und wer sie dafür morgen nehmen kann.

Schwierigen Menschen aus dem Weg gehen

Schwierige Menschen gibt es in zahlreichen Varianten: Nervensägen, Besserwisser, Egoisten, Sensibelchen, Lästermäuler und Nörgler sind nur einige Prototypen. Und dazu kommen noch jede Menge Mischformen! Alle diese Menschen zehren an deinen Nerven und kosten dich viel Kraft und Energie. Wenn du es dir aussuchen kannst, dann umgib dich nicht mit negativen Menschen, denn ihre negativen Gefühle können ansteckend sein. In manchen Situationen aber, zum Beispiel in der Schule oder am Ausbildungsplatz, kannst du dir deine Gesellschaft nicht immer aussuchen. Dann versuche, die Kontakte auf ein Minimum zu beschränken. Wenn sich Begegnungen nicht vermeiden lassen, sorg dafür, dass deine Stimmung möglichst wenig darunter leidet.

1. Nichts persönlich nehmen

Wenn dich jemand anbrüllt oder anmeckert, nimm es nicht persönlich. Mach dir klar, dass es nicht an dir liegt, sondern dein Gegenüber mit sich unzufrieden ist. Atme tief durch und überhöre kleine Sticheleien oder Unverschämtheiten. Es bringt nichts, zurückzubrüllen, weil die Situation sonst weiter eskaliert. Natürlich sollte keiner deine Grenzen überschreiten und dich demütigen.

2. Grenzen setzen

Wenn es aber allzu krass wird, solltest du dem anderen höflich und bestimmt deine Grenzen aufzeigen. Sag ganz klar: „Bis hierher und nicht weiter". Sonst wird dieser Mensch in Zukunft immer wieder auf dir herumtrampeln.

3. Zuhören und die Ursache herausfinden

Oft regt sich jemand vordergründig über etwas auf, obwohl der wahre Grund ganz woanders liegt. Vielleicht kannst du die Ursache des Problems ermitteln, wenn du genau zuhörst und versuchst, dich in den anderen hineinzuversetzen. Dann hast du auch gute Chancen, eine Lösung zu finden und mit der Person in Zukunft besser klarzukommen.

#55 **Suche dir ein paar echte Freunde** *und sorge dafür, dass die Freundschaften lange halten. Du brauchst nicht unzählig viele oberflächliche Bekanntschaften. Wichtig sind die wenigen Freunde, mit denen du dich wirklich gut verstehst und denen du in allen Situationen vertrauen kannst.*

#56 **Kümmere dich um deine Freunde,** *wenn es ihnen einmal nicht gut geht. Hab keine Angst, etwas Falsches zu sagen, du musst einfach nur da sein und gut zuhören.*

#57 **Zoff mit den Eltern ist ganz normal,** *er darf nur nicht zum Dauerterror ausarten. Sprecht miteinander, schildert jeweils eure Sichtweise und versucht, einen Kompromiss zu finden. Vergiss nicht, dass deine Eltern auch einmal jung waren. „Die verstehen mich sowieso nicht", zieht nicht als Ausrede.*

#58 Lass dich von deinen Geschwistern nicht provozieren. *Denn dann macht es ihnen gar keinen Spaß mehr, dich zu ärgern. Überhöre blöde Sprüche und gib ihnen etwas zu tun, wenn du sie eine Weile loswerden möchtest.*

#59 Geh schwierigen Menschen nach Möglichkeit aus dem Weg. *Halte dich von Besserwissern, Nörglern, Lästermäulern und allen anderen Personen fern, die dich mit ihrer negativen Grundstimmung anstecken könnten.*

Deine Gesundheit

Guter Schlaf

Guter und tiefer Schlaf ist in jeder Lebensphase wichtig, vor allem als Teenager. Denn in dieser Zeit stärkt dein Körper seine Abwehrkräfte, bildet Wachstumshormone und transportiert die Endprodukte des Stoffwechsels ab. Wenn du auf Dauer zu wenig oder schlecht schläfst, fühlst du dich ständig schlapp, kannst in der Schule nicht mehr mithalten und wirst anfällig für psychische Probleme. Teenager brauchen noch immer durchschnittlich acht bis zehn Stunden Schlaf, aber sie werden später müde als Kinder. Leider fängt die Schule trotzdem früh an. Deshalb musst du versuchen, während der Woche einigermaßen pünktlich ins Bett zu gehen oder dich nachmittags hinzulegen. Am Samstagabend kannst du natürlich feiern gehen, aber nutze dann den Sonntag, um deine Batterien wieder aufzuladen.

Tipps, um abends besser einzuschlafen:

- Schalte Handy, Notebook und Fernseher schon einige Zeit vor dem Schlafengehen aus und höre höchstens noch leise Musik.
- Wenn du Sport machst, leg deine Trainingseinheit auf die frühen Abendstunden und nicht direkt vor die Schlafenszeit.
- Trinke spät am Abend keine Wachmacher wie Kaffee, Cola, Energydrinks oder Grün- und Schwarztee.
- Verzichte auf Zigaretten (das solltest du sowieso), da auch Nikotin aufputschend wirkt.

Gute Beziehungen zu Freunden und Familie

Alle Menschen in jedem Alter brauchen soziale Bindungen, um gesund und glücklich zu bleiben. Teenager, die gute Beziehungen zu Familie und Freunden haben, leiden viel seltener an Depressionen. Und wenn du zu Hause schon als Kind enge, intakte Bindungen erlebt hast, sind deine Chancen größer, auch als Erwachsener eine erfüllte Beziehung zu führen. Im Moment findest du deine Familie wahrscheinlich nicht so spannend. Deine Eltern sind einfach oldschool und deine Geschwister nerven nur noch. Natürlich hängst du am liebsten ständig mit deinen Freunden ab. Es ist ganz normal, dass der Einfluss deiner Eltern jetzt immer schwächer wird und du dich stärker an anderen orientierst.

Aber du brauchst auch deine Eltern und Geschwister. Nur wenn du innerhalb und außerhalb der Familie sichere Auffangnetze hast, kannst du dich jederzeit auf Unterstützung verlassen, wenn du sie brauchst. Wann immer du zu Hause Stress hast, kannst du zu deinen Freunden gehen. Und wenn einmal eine Freundschaft in die Brüche geht oder du Liebeskummer hast, baut deine Familie dich wieder auf. Deshalb nimm dir auch jetzt noch ab und zu die Zeit, um etwas mit deiner Familie zu unternehmen. Am besten richtet ihr feste Termine ein, bei denen ihr alle zusammen seid und eure Handys ausschaltet. Jedes Familienmitglied darf abwechselnd bestimmen, was gemacht wird. Du kannst ja mal mit deinen Eltern in einen Escape Room für Familien oder in den Kletterwald gehen. Vielleicht fahrt ihr auch Ski oder Skateboard. Hauptsache, ihr verbringt Zeit zusammen, habt Spaß, redet miteinander und hört euch gegenseitig aufmerksam zu.

Wann muss ich zum Arzt?

Wenn du verletzt bist oder Schmerzen hast, merkst du selbst, dass du zum Arzt gehen solltest. Mit den psychischen Krankheiten ist es aber nicht ganz so einfach, denn du bemerkst sie zunächst vielleicht gar nicht. In der Pubertät treten bei etwa jedem fünften Jugendlichen psychische Erkrankungen auf, dabei kommen Depressionen und Essstörungen am häufigsten vor. Einige Teenager neigen auch zu Gewaltausbrüchen, weil sie ihre Aggressionen nicht in den Griff bekommen. Stimmungsschwankungen sind in der Pubertät normal. Auch wenn du ab und zu frustriert bist und dich schlapp und müde fühlst, musst du dir noch keine Sorgen machen. Bist du aber völlig antriebslos und über einen längeren Zeitraum schwer niedergeschlagen, könnte eine Depression dahinterstecken, die du behandeln lassen solltest.

Ist mit deinem Essverhalten alles in Ordnung? Viele Teenager entwickeln Essstörungen und sind sich gar nicht bewusst, dass es sich dabei um ernst zu nehmende Krankheiten handelt. Die häufigsten Störungen sind Magersucht, Ess-Brech-Sucht und Esssucht. Kontrolliere deinen Body-Mass-Index. Bei Teenagern, sowohl Jungen als auch Mädchen, sollte der BMI zwischen 18,5 und 25 liegen. Hast du weniger oder mehr? Das hat zwar nicht zwingend Krankheitswert, aber bei größeren Abweichungen solltest du zunächst mit deinen Eltern sprechen. Oder bekommst du manchmal Essattacken und erbrichst dich danach? Dann musst du unbedingt einen Arzt aufsuchen. Du kannst dich mit allen körperlichen und psychischen Beschwerden an einen Kinder- und Jugendarzt wenden. Bei Bedarf wird er dich an einen Psychologen oder einen Facharzt weiterleiten. Solltest du betroffen sein, solltest du dir keine Schuldgefühle einreden oder dich schämen. Psychische Probleme sind keine Schande und sich Hilfe zu suchen kein Zeichen von Schwäche.

Psychologische Hilfe

Wer zur Psychotherapie geht, ist verrückt oder ein Loser, der sich nicht selbst helfen kann? So denken leider immer noch viele Menschen. Dabei gibt es gar keinen Grund, zwischen Experten für äußere und innere Beschwerden zu unterscheiden. Wenn du nicht viele Leute kennst, die eine Psychotherapie machen, liegt es wahrscheinlich daran, dass sie es dir nicht erzählen. Noch immer schämen sich die meisten, wenn sie einen „Seelendoktor" aufsuchen, obwohl es ihnen ganz natürlich erscheint, zum Anwalt, Steuerberater oder Zahnarzt zu gehen. Deshalb hast du vielleicht den Eindruck, dass du mit deinen Problemen ganz allein bist. Tatsächlich aber beginnen etwa eine Million Menschen hierzulande jährlich eine Psychotherapie, und darunter sind auch immer mehr Jugendliche in deinem Alter.

Wenn du eine schwere Krise durchmachst, die dich lange beeinträchtigt, solltest du überlegen, zu einem Therapeuten zu gehen. Im Gegensatz zu einem Chirurgen kann er nicht einfach das Skalpell ansetzen, und nach der OP ist alles gut. Dein Problem besteht in deinem Kopf, und einen Therapeuten kannst du dir wie einen Coach vorstellen. Er unterstützt und ermuntert dich und eröffnet dir neue Blickwinkel, damit du deine Probleme ganz allein bewältigen kannst. Wenn du das geschafft hast, kannst du doppelt stolz auf dich sein. Erstens, weil du so mutig warst, dir Hilfe zu holen, und zweitens, weil du dein Problem selbst in den Griff bekommen hast.

Morgens müde, aber nachtaktiv

Teenager zwischen 13 und 18 haben plötzlich einen veränderten Biorhythmus, weil der Körper vermehrt Melatonin produziert. Warst du als Kind Frühaufsteher, wirst du zum Normaltyp. Die bisherigen Normaltypen mutieren zu Abendtypen und die Abendtypen zu echten Nachteulen. Du kannst also gar nichts dafür, wenn du nicht mehr vor 23 Uhr einschlafen kannst. Leider wird dein Schlafbedürfnis in der Pubertät nicht geringer, sondern eher größer. Deshalb bist du morgens um 8, wenn die Schule anfängt, noch gar nicht aufnahmefähig.

In den USA haben bereits viele Schulen den Unterrichtsbeginn auf später verschoben und damit sehr gute Erfahrungen gemacht. Es hat sich gezeigt, dass Schüler der Mittel- und Oberstufe lernfähiger und leistungsstärker sind, wenn der Unterricht eine halbe oder eine ganze Stunde später beginnt. Auch in Deutschland haben manche Schulen den Unterrichtsbeginn bereits auf 8.30 Uhr oder 8.45 Uhr verlegt. Du kannst nur hoffen, dass deine Schule bald nachzieht. Bis dahin musst du versuchen, abends zeitig ins Bett zu gehen, oder du gewöhnst dir ein Mittagsschläfchen an. Die gute Nachricht: Dein Biorhythmus renkt sich von selbst wieder ein, sobald du erwachsen wirst.

#60 **Mache nicht jede Nacht durch.** *Geh nur am Wochenende feiern und gewöhn dir während der Woche einen festen Rhythmus mit mindestens acht Stunden Schlaf an.*

#61 **Vergiss deine Eltern und Geschwister nicht ganz.** *Du brauchst jetzt sowohl deine Freunde als auch deine Familie. Beide Gruppen zusammen federn dich rundum ab und fangen dich in Notfällen auf.*

#62 **Geh nicht nur mit körperlichen Beschwerden zum Arzt,** *sondern achte auch auf deine Psyche. Wenn du bei dir Anzeichen für Depressionen oder Essstörungen feststellst, wende dich an einen Kinder- und Jugendarzt oder eine Vertrauensperson.*

#63 **Wenn du psychologische Hilfe brauchst, dann schäm dich bloß nicht dafür!** *Sich psychischen Problemen zu stellen und zum Therapeuten zu gehen, ist kein Zeichen von Schwäche, sondern von Stärke.*

#64 **Dass du abends nicht schlafen kannst und morgens nicht wach wirst,** *liegt an deinem veränderten Biorhythmus. Wenn deine Eltern oder Lehrer dich deshalb anmeckern, kannst du dich auf wissenschaftliche Studien zur Schlafforschung berufen.*

Gesunde Ernährung, die Basics

Welche Makro- und Mikronährstoffe gibt es?

Du bist, was du isst! Damit dein Körper richtig funktioniert, brauchst du zuerst einmal genug Energie. Aber es kommt nicht nur auf die Anzahl der Kalorien an, die du aufnimmst, sondern auch darauf, aus welchen Quellen du sie beziehst.

Die Grundlage deiner Ernährung sind die Makronährstoffe Kohlenhydrate, Proteine und Fette. Die liefern Kalorien und halten den Motor in Gang. Der Körper braucht sie für sämtliche Prozesse, zum Beispiel, um deine Körpertemperatur aufrechtzuerhalten und deine Haare wachsen zu lassen. Wie viele Kilokalorien du täglich aufnehmen musst, richtet sich nach deinem Körperbau und deinem individuellen Stoffwechsel. Durchschnittlich brauchen Jugendliche im Alter zwischen 13 und 15 Jahren am Tag 2.200 (Mädchen) und 2.700 (Jungen) Kilokalorien. Bei 15- bis 18-Jährigen liegt der Bedarf sogar für Mädchen bei ca. 2.700 und für Jungen bei 3.100 Kilokalorien. Hier variieren die Angaben nach Quelle aber ein wenig und man sollte nicht zu starr mit diesen Zahlen umgehen. Denn auch bei Teenagern gibt es individuelle Schwankungen. Je nach Lebenssituation, Stoffwechsel, eigenem Bedarf und Aktivität wird mehr oder weniger benötigt.

Mikronährstoffe sind Vitamine, Mineralien und essenzielle Spurenelemente. Sie enthalten keine Kalorien, aber sind für viele Körperfunktionen unverzichtbar. Dein Körper braucht zum Beispiel Vitamine, um die Verarbeitung der Makronährstoffe zu unterstützen und dein Immunsystem zu stärken. Mineralstoffe wie Magnesium, Kalzium und Phosphor sorgen dafür, dass du starke Knochen und Zähne hast und Sauerstoff und Nährstoffe schnell durch dein Blut transportiert werden können. Essenzielle Spurenelemente sind winzigste Nährstoffe, die auch zur Gruppe der Mineralien gehören. Jod, Eisen, Selen, Kupfer und andere erfüllen ebenfalls wichtige Aufgaben im Organismus. Da sie nicht vom Körper selbst gebildet werden können, musst du sie unbedingt über die Nahrung zu dir nehmen. Ganz viele Mikronährstoffe stecken in allen Arten von Obst und Gemüse. Aber nicht jede Sorte enthält jeden benötigten Nährstoff in der gleichen Menge. Um rundum gesund zu bleiben, solltest du deshalb möglichst viel frisches Obst und Gemüse essen und dabei immer zwischen den Sorten wechseln.

Kohlenhydrate

Kohlenhydrate braucht jedes Lebewesen, denn sie liefern die nötige Energie, um u. a. die Muskeln zu bewegen. Grob wird zwischen zwei Arten von Kohlenhydraten unterschieden: Zucker und Stärke. Zucker verarbeitet unser Körper am schnellsten, er kommt direkt nach dem Essen in den Muskeln und im Gehirn an und hilft beim Denken. Wenn du allerdings zu viel Zucker isst, kann der Körper ihn nicht sofort verbrauchen und wandelt ihn in Fett um, damit du Reserven für schlechte Zeiten hast. Von zu viel Zucker nimmst du deshalb zu.

Stärke ist für den Körper schwieriger zu verarbeiten als Zucker, weil sie erst in Einzelteile zerlegt werden muss. Diese Form der Kohlenhydrate kommt vor allem in Getreide wie Mais oder Weizen und in Brot vor. Auch wenn du zu viel Stärke isst, nimmst du auf Dauer zu, weil dein Körper die Überschüsse in Fett verwandelt. Aber Stärke versorgt dich länger mit Energie als Zucker, deshalb darfst du von dieser gesünderen Variante mehr essen. Viele Vorgänge im Körper funktionieren zwar auch mit Eiweiß oder Fett, aber dein Gehirn gewinnt im Normalfall seine Energie aus Kohlenhydraten. Damit du geistig topfit bist, musst du deshalb genug Brot oder andere stärkehaltige Lebensmittel zu dir nehmen.

Fette

Auch Fette sind wichtig, obwohl sie oft einen schlechten Ruf haben. Jeder Mensch, selbst ein schlanker, hat unter der Haut eine Fettschicht, die ihn nach Bedarf wärmt oder kühlt und dafür sorgt, dass sich die Haut über den Knochen etwas bewegen kann. Alte Menschen haben meistens einen höheren Anteil Fett am Körper als junge, Frauen haben im Normalfall mehr Körperfett als Männer. Jeder Mensch muss einen Teil seiner Energie über das Fett aus der Nahrung beziehen. Spezialisten für Kinder- und Jugendernährung empfehlen, dass ca. 30 % der Energiezufuhr aus Fett besteht. Fett ist einerseits ein Geschmacksträger, du brauchst es beim Kochen, damit dein Essen nach etwas schmeckt. Aber es hat auch eine wichtige Funktion für den Organismus: Der Körper braucht zum Beispiel Fett, um bestimmte Vitamine aus Pflanzen aufzunehmen. Deshalb gehört zu jedem Gericht, ob Salat oder Gemüse, auch etwas Öl oder Butter.

In der Nahrung kommen sowohl pflanzliche als auch tierische Fette vor. Pflanzliche Fette werden aus den Samen oder Früchten von Pflanzen gepresst, zum Beispiel aus Oliven, Raps, Sonnenblumenkernen oder Nüssen. Du kannst das Öl flüssig kaufen oder in der eingedickten Form als Margarine. Tierische Fette finden sich in Fleisch, Milch, Butter und Käse, aber auch in Fisch. Einige Pflanzenöle und Fischöl sind besonders gesund, weil sie bestimmte Fettsäuren enthalten, die den Körper bei vielen seiner Aufgaben unterstützen. Hier sind die guten Omega-3-Fettsäuren und deren Verhältnis zu den Omega-6-Fettsäuren, die wiederum eher als entzündungsfördernd gelten, besonders wichtig. Achte darauf, möglichst zwei Drittel deines Fettbedarfs aus den „gesunden" Quellen zu decken.

Proteine

Protein oder Eiweiß braucht der Körper, um die Muskeln wachsen zu lassen, neue Zellen zu bilden und Wunden zu heilen. Gerade in der Pubertät, wenn du noch im Wachstum bist, sind Proteine sehr wichtig für dich, du hast jetzt sogar einen höheren Bedarf als Erwachsene. Jugendliche sollten pro Tag etwas unter einem Gramm Protein pro Kilo Körpergewicht aufnehmen, also brauchst du ca. 49 Gramm, wenn du 50 Kilogramm wiegst.

Besonders viele Proteine sind in tierischen Produkten wie Fleisch, Fisch, Eiern, Milch und allem, was daraus hergestellt wird, enthalten. Aber auch einige Pflanzen liefern viel Eiweiß, zum Beispiel Bohnen und Nüsse. Am besten beziehst du dein Eiweiß immer aus natürlichen Quellen und nicht aus Proteinriegeln oder Shakes. Die meisten der angesagten Produkte für Sportler sind zwar nicht unbedingt gesundheitsschädlich, aber enthalten eine Menge Kuhmilch. Das vertragen viele Menschen nicht gut. Außerdem sind solche Riegel zum Muskelaufbau gar nicht nötig, aber dafür teuer. Wenn du fit und stark werden möchtest, dann iss lieber Hühnchen, Eier, Tofu, Hülsenfrüchte, Nüsse, Käse und viel Fisch.

#65 Achte auf eine ausreichende und ausgewogene Ernährung. *Du brauchst nicht nur genug Kalorien, sondern auch alle wichtigen Mikronährstoffe. Iss dich quer durch alle Obst- und Gemüsesorten!*

#66 Iss ausreichend Kohlenhydrate. *Du brauchst sie nicht nur, damit dein Körper richtig funktioniert, sondern auch, um dein Gehirn in Gang zu bringen.*

#67 Fett ist lebenswichtig, aber es kommt auf die Art und Menge an. *Versuche, nicht zu viel tierische Fette zu essen, sondern häufig auf gesundes Pflanzenöl und Fischöl mit hohem Omega-3-Fettanteil auszuweichen.*

#68 In der Pubertät musst du täglich etwas weniger als 1 Gramm Protein pro Kilo Körpergewicht aufnehmen. *Proteinriegel und -shakes brauchst du nicht, du bekommst auch starke Muskeln, wenn du viele eiweißhaltige Lebensmittel isst.*

Vitamine

Vitamine sind an fast allen körperlichen Prozessen beteiligt. Leider kann der Körper die meisten dieser wichtigen Stoffe nicht selbst herstellen. Zur Übersichtlichkeit werden Vitamine nach Buchstaben in Gruppen unterteilt und dann durchnummeriert. Es gibt die Gruppen A, B, C, D, E und K.

Vitamine der A-Gruppe unterstützen den Aufbau und die Funktion von Haut und Augen. Sie kommen vor allem in Karotten, Kohl und Leber vor.

Die B-Vitamine von 1 bis 12 sind wichtig für die Zellerneuerung und helfen dem Körper dabei, die aufgenommenen Nährstoffe umzuwandeln und als Energie nutzbar zu machen. Du findest sie in großen Mengen in fettem Fisch, Fleisch, Vollkornprodukten und Bananen.

Vitamin C stärkt dein Immunsystem, damit sich dein Körper gegen Bakterien und Viren verteidigen kann. Wenn du viele Zitrusfrüchte isst, kannst du den Winter wahrscheinlich ohne Erkältung überstehen. Eine Menge Vitamin C steckt auch in Kohl und Paprika.

Während du die meisten Vitamine über die Nahrung aufnimmst, kann der Körper selbst Vitamin D bilden, aber nur, wenn er genug Sonnenlicht bekommt. Dieses Vitamin brauchst du für kräftige Knochen und Zähne und dein Immunsystem. Bei uns scheint die

Sonne im Winter oft nicht stark genug, deshalb musst du vielleicht nachhelfen. In Fisch, Eiern, Avocados und manchen Pilzsorten ist ebenfalls Vitamin-D enthalten.

Für den Blutkreislauf und die Muskeln ist Vitamin E wichtig. Es kommt in Butter und Milch vor, außerdem in vielen Getreidesorten, grünem Blattgemüse und Pflanzenöl.

Schließlich gibt es noch das lebensnotwendige Vitamin K, das für die Blutgerinnung zuständig ist. Du brauchst es, damit sich nach einer Verletzung eine Kruste bildet und die Wunde heilt. Vitamin K bildet der Darm selbst, aber du kannst ihn unterstützen, indem du Algen, Pflanzenöl und grüne Gemüse isst.

Mineralien

In jedem Alter solltest du dich gut mit allen wichtigen Mineralstoffen versorgen, aber in der Pubertät kommt es ganz besonders auf Eisen, Kalzium und Zink an.

Kalzium stärkt deine Knochen und Zähne. Solange du noch wächst, hast du einen besonders hohen Bedarf von 1.000-1.200 mg pro Tag. Gute natürliche Kalziumquellen sind Milch und Milchprodukte.

Als Junge brauchst du in der Pubertät besonders viel Eisen, weil deine Muskeln wachsen. Mädchen müssen aber noch stärker auf eine ausreichende Eisenzufuhr achten, weil sie die Eisenverluste ausgleichen müssen, die durch die Periode entstehen. Jungen sollten täglich 12 mg, Mädchen sogar 15 mg Eisen aufnehmen. Dafür kannst du rotes Fleisch, aber auch Bohnen, Spinat oder Wirsing essen.

Für dein Wachstum brauchst du jetzt außerdem viel Zink. Es kommt zum Beispiel in Rindfleisch, Geflügel, Käse, Milch, Haferflocken, Eiern und Getreide vor. Wenn du zum Frühstück Müsli isst und dir zum Knabbern für nachmittags ein paar Nüsse und Kerne zurechtlegst, kannst du deinen Zinkbedarf problemlos decken.

Ausgewogene Ernährung für deine Entwicklung

Natürliche Lebensmittel sind prinzipiell gut und gesund, aber es kommt auf die Mischung an. Nur wenn du die ganze Vielfalt der Natur ausschöpfst, bekommst du alle Nährstoffe, die dein Körper braucht.

1. Entscheide dich, wann immer es geht, für Vollkornprodukte. Brot aus dem ganzen Korn hat viel mehr für deine Gesundheit zu bieten als die Variante aus Auszugsmehl.

2. Iss am Tag drei Portionen Gemüse oder Hülsenfrüchte und zwei Portionen Obst.

3. Nutze beim Kochen möglichst oft gesunde Pflanzenöle anstelle von tierischen Fetten.

4. Vermeide Fast Food. Es enthält nicht nur viele Geschmacksverstärker und Konservierungsmittel, sondern auch versteckte Fette und Zucker.

5. Iss nicht zu viel Salz und Zucker. Wenn du kochst, kannst du Salz zum Teil durch Kräuter und Gewürze ersetzen. Zucker kannst du am besten einsparen, wenn du keine gesüßten Getränke zu dir nimmst. Trink statt Cola und Energydrinks lieber Wasser und ungesüßten Kräutertee.

6. Wenn du selbst kochst, kannst du darauf achten, das Essen möglichst schonend zuzubereiten. Nutze Dampfgarer und Wok statt Fritteuse und Grill. Dann kannst du mit Fett sparsam umgehen und die meisten Nährstoffe erhalten.

7. Nimm dir zum Essen immer ausreichend Zeit und setz dich bequem hin. Iss langsam, hör auf dein Bauchgefühl und finde mit der Zeit heraus, wann du satt bist. Versuche Social Media und Fernsehen bei Essen auszuschalten.

Jetzt musst du dich nur noch oft genug an der frischen Luft bewegen, und du bleibst fit und gesund!

#69 Achte darauf, alle wichtigen Vitamine zu dir zu nehmen. *Ernähre dich hauptsächlich von Lebensmitteln, die keine Zutatenliste brauchen, also naturbelassen sind und verzichte dabei auf hoch verarbeitete Produkte, die viele Zusatzstoffe enthalten können.*

#70 Du wächst noch, deshalb brauchst du jetzt viel Kalzium, *Eisen und Zink. Nahrungsergänzungsmittel musst du nur nehmen, wenn du Mangelerscheinungen hast. Normalerweise reicht es, wenn du dich gesund ernährst. Wende dich hier im Zweifel, aber an deinen Jugendarzt oder einen Ernährungsberater, denn auch in diesem Bereich ändern sich die Empfehlungen mit neuen Erkenntnissen, die gewonnen werden.*

#71 Ernähre dich vielseitig und natürlich. *Iss möglichst wenig Salz und Zucker und gönn dir nur ausnahmsweise Fast Food. Genieß es dann aber auch!*

Selbstbewusst durch deine Teenagerzeit

Selbstbewusstsein und mentale Stärke

Ob beim Sport oder in der Schule, um Erfolg zu haben, reicht es manchmal nicht aus, die Technik zu beherrschen und wieder und wieder zu üben. Um etwas durchzuhalten und am Ende dein Ziel zu erreichen, brauchst du vor allem mentale Stärke. Ein Mensch, der mental stark ist, glaubt immer an sich und seine Fähigkeiten. Er kennt seine Stärken und Schwächen, das bedeutet, er hat ein starkes Selbstbewusstsein. Außerdem können mental starke Menschen negative Gedanken, die sie blockieren, abbauen, sodass sie mit Stress und Angst gut fertig werden. Wer nicht selbstbewusst genug ist, zweifelt häufig an sich, stellt sein Licht unter den Scheffel und kann sich anderen gegenüber schlecht durchsetzen.

Du musst aber kein unsicherer Mensch bleiben, der sich nicht viel traut und immer hinter seinen Möglichkeiten zurückbleibt. Denn du kannst deine mentale Stärke trainieren! Alle besonders erfolgreichen Menschen sagen über ihren Werdegang, dass sie immer an sich geglaubt haben und von Anfang an wussten, dass sie eines Tages ihre Ziele erreichen würden. Genau das musst du auch glauben. Fang mit einer einfachen Übung an: Wenn du das nächste Mal Mut brauchst, weil du zum Beispiel deinen Crush ansprechen möchtest, dann erinnere dich an eine Situation, in der du einmal mutig warst. Weißt du noch, wie es war, als du zum ersten Mal vom Dreimeterbrett gesprungen bist? Dann versetz dich jetzt wieder genau in diese Situation. Schließ kurz die Augen und sieh dich selbst auf dem Sprungbrett vor dir. Du solltest versuchen, alles so genau wie möglich zu visualisieren und dich ganz bewusst wieder in das damalige positive Gefühl versetzen. Jetzt fühlst du dich wieder genauso mutig wie damals und kannst eine neue Herausforderung mit Selbstbewusstsein angehen.

Meine Gefühle und ich

Du bist in einem Moment total gut drauf und im nächsten völlig down? Dir gehen deine Eltern, Lehrer, Mitschüler und am meisten du selbst nur noch auf die Nerven? Herzlichen Glückwunsch, du bist in der Pubertät! Deine Stimmungsschwankungen und deine Gereiztheit haben einerseits mit deinem Hormonhaushalt zu tun, der gerade völlig aus dem Ruder läuft. Aber auch dein Gehirn ist derzeit eine Großbaustelle. In deinem Kopf bilden sich jetzt viele neue Verknüpfungen, weil sich dein Gehirn auf erwachsen umstellt. Dazu kommt noch, dass du dich dauernd neuen Herausforderungen stellen musst, die das Erwachsenwerden mit sich bringt. Kein Wunder, dass du oft genervt bist, dich überfordert fühlst und Frust hast, wenn nicht alles so klappt, wie du es erwartest.

Wenn dir deine Launen schon selbst auf die Nerven gehen, dann kannst du Folgendes tun:

1. Quatsch dich aus

Rede mit Freunden, älteren Geschwistern oder anderen Menschen, denen du vertraust. Sag ihnen, wie du dich fühlst und was dich gerade beschäftigt. Alle, die die Pubertät hinter sich haben und sich noch daran erinnern, können dich gut verstehen.

2. Finde heraus, was dir guttut

Manch einer reagiert sich beim Sport ab, ein anderer setzt sich ans Klavier oder seine Gitarre. Versuche herauszufinden, was dich ausgleicht und dich wieder runterbringt. Wenn es dir schlecht geht, dann hör ruhig traurige Musik und heul dich aus. Hauptsache, es hilft dir.

3. Gib deinen Launen nach

Versuche, deinen Übergangszustand zu akzeptieren und damit zu leben. Wenn du in Partystimmung bist, dann geh feiern und wenn du allein sein willst, zieh dich zurück. Das Chaos hält nicht für immer an, du kannst dich darauf verlassen, dass sich deine Gefühlslage bald wieder stabilisieren wird.

Positives Mindset

Zweifelst du häufig an deinen Fähigkeiten? Hast du keine Lust auf Geschichte oder keinen Nerv auf Mathe, weil du nicht gut darin bist? Und glaubst du außerdem, dass dein Bruder, deine Schwester oder deine Freunde immer alles besser können und viel schlauer sind als du? Dann musst du dir ein positives Mindset zulegen. Es geht nicht darum, was du kannst oder nicht kannst, sondern was du „noch" nicht erreicht hast. Dein Erfolg bei allem, was du anpackst, hängt nämlich stark davon ab, mit welchem Mindset du dich deinem Ziel annäherst.

Geh davon aus, dass du alles erreichen kannst, wenn du dich nur genug anstrengst. Dass du für irgendetwas nicht begabt bist, zieht als Ausrede nicht. Du hast es ja noch gar nicht versucht. Sag nicht: „Ich kann das nicht", sondern „Ich kann das noch nicht". Gib niemals auf, wenn eine Aufgabe dir zu schwierig erscheint. Frag dich lieber noch intensiver, wie du das Problem lösen kannst. Was kann denn eigentlich passieren, wenn du etwas nicht schaffst? Aus Angst vor einem Misserfolg gar nichts zu tun, ist die schlechteste Strategie. Leg dir stattdessen einen Notfallplan bereit. Was machst du, falls du scheiterst? Dann versuchst du es gleich noch einmal! Du musst keine Angst haben, Fehler zu machen, denn aus denen lernst du, wie du es beim nächsten Mal richtig machst. Und wenn du etwas wirklich einmal nicht allein bewältigen kannst, dann bitte jemanden, dir Hilfestellung zu geben. Du glaubst gar nicht, wie viele Menschen dir wohlgesonnen sind und dir helfen würden, wenn du nur den Mut aufbringst zu fragen.

Verlasse deine Komfortzone

Jeder Mensch hat seine eigene Komfortzone, ein kuscheliges Nest aus Gewohnheiten, das er ungern verlässt. Denn außerhalb wartet das Unbekannte, das bestimmt anstrengend ist und auch schiefgehen könnte. Aus Angst oder Bequemlichkeit bleiben viele immer im gewohnten Trott und trauen sich niemals, etwas Neues auszuprobieren. Das echte Leben aber findet immer ein Stückchen außerhalb deiner Komfortzone statt, und wenn du die nie verlässt, kannst du keine neuen Erfahrungen machen und dich nicht weiterentwickeln. Manchmal musst du den Mut haben, aus Gewohnheiten auszubrechen, damit du deine unzähligen Chancen nicht verpasst.

1. Erkenne deine Gewohnheiten

Zuerst musst du herausfinden, in welchen festgefahrenen Bahnen du dich bewegst. Bist du jeden Abend zwei Stunden auf Social Media und stapeln sich lauter alte Klamotten in deinem Schrank, die du seit Jahren nicht mehr trägst, aber von denen du dich trotzdem nicht trennen kannst?

2. Fang in kleinen Schritten an

Für den Anfang kannst du versuchen, an zwei Abenden in der Woche offline zu bleiben und jeden Tag ein Fach in deinem Schrank durchzusehen. Sortiere alles aus, was wegkann. Und falls du das noch nicht schaffst, fang klein an. Wenn du einmal begonnen hast, werden deine Schritte bald größer, und du nimmst dir nach und nach alle Bereiche deines Lebens vor.

3. Sag öfter Ja

Du hast keine Lust zum Skaten oder Kiteboarden, weil du unsportlich bist und dich zu dick findest? Außerdem willst du lieber chillig im Bett bleiben und eine Serie streamen? Lehn nicht immer gleich ab, wenn jemand eine neue Idee hat und dich fragt, ob du mitkommen möchtest. Sag öfter mal Ja und gib dir die Chance, etwas Neues und Tolles zu erleben. Wichtig ist allerdings, dass du dich und andere bei neuen Aktivitäten nicht gefährdest und dich richtig anleiten lässt.

Nicht arrogant werden

Nun hast du hier schon ganz viel darüber gelesen, wie du möglichst selbstbewusst wirst und dein Selbstwertgefühl steigern kannst. Vielleicht hast du aber Angst, all die Tipps auch wirklich umzusetzen. Denn du glaubst, dass dich die anderen dann eingebildet oder arrogant finden. Zwischen einem gesunden Selbstbewusstsein und Überheblichkeit gibt es aber einen großen Unterschied: Arrogante Menschen halten sich für etwas Besseres als die anderen und sind nicht fähig, Kritik anzunehmen. Damit stehen sie sich selbst im Weg, denn sie können konstruktive Ratschläge nicht nutzen, um sich zu verbessern. Du hast es selbst in der Hand, nicht arrogant zu werden und auch nicht überheblich auf andere zu wirken.

- Sprich immer in erster Linie über die Sache, um die es gerade geht, und nicht über deine Person. Deine Ideen stehen im Vordergrund, nicht du.

- Respektiere abweichende Standpunkte. Du sollst deine eigene Ansicht haben und sie vertreten, aber auch die anderen haben nachgedacht und sich aus guten Gründen ihre Meinung gebildet.

- Hör den anderen immer aufmerksam zu. Versuche, dich in deine Gesprächspartner hineinzuversetzen und taste dich mit Nachfragen näher an ihre Standpunkte heran.

Wenn du einige dieser „Softskills" beachtest, läufst du nicht Gefahr, als egoistisch oder schwierig zu gelten und kommst besser mit den meisten Menschen klar.

Keine Angst vor Klassenarbeiten und Schule

Schulangst ist heute ein weitverbreitetes Problem. Etwa 3,5 Millionen Schüler haben allein bei uns in der ein oder anderen Form Angst, in die Schule zu gehen. Die Gründe sind unterschiedlich: Manche machen sich viel zu große Sorgen um anstehende Prüfungen, andere fürchten sich vor ihren Mitschülern. Gerade schüchterne Teenager haben oft Angst davor, sich vor anderen zu blamieren oder sogar gemobbt zu werden.

Wenn du Angst vor der Schule hast, musst du etwas dagegen unternehmen. Denn einfach wegzubleiben, ist keine Lösung. Dann verpasst du wichtigen Unterrichtsstoff, der dir später fehlt. Und irgendwann musst du sowieso wieder zurück zur Schule. Je länger du aber nicht da warst, desto schwieriger wird es, dich wieder zurechtzufinden. Sprich zuerst mit deinen Eltern und findet zusammen heraus, wo genau dein Problem liegt. Fühlst du dich überfordert und hältst dem Leistungsdruck nicht stand? Oder hast du Schwierigkeiten mit anderen Schülern oder bestimmten Lehrern?

Deine Eltern können dann mit dir entscheiden, welche Schritte die richtigen sind. Manchmal hilft ein Lehrergespräch, vielleicht brauchst du aber auch Nachhilfe in bestimmten Fächern. Wenn du dich mit deinem Nachhilfelehrer auf die nächste Arbeit vorbereitest und genau weißt, dass du alles verstanden hast, fühlst du dich sicher und die Prüfungsangst wird deutlich besser. Falls das alles nicht hilft und du weiter unter starker Schulangst leidest, solltest du einen Psychologen aufsuchen. Eine Psychotherapie kann dir zum Beispiel helfen, wenn du an einer Lernstörung leidest oder in der Schule gemobbt wirst. Sich Hilfe zu suchen ist hier ein Zeichen von Stärke und du solltest dich in keinem Fall für deine Ängste und Nöte schämen!

#72 Glaub immer an dich, dann erreichst du deine Ziele. *Ob beim Sport, in der Schule oder im echten Leben, die meisten Siege werden mit dem Kopf erzielt. Fang gleich damit an, deine mentale Stärke zu trainieren. Vermeintliche Niederlagen gehören dazu, lass dich nicht entmutigen.*

#73 Akzeptiere dein derzeitiges Gefühlschaos und folge deinen Stimmungen *(ohne dich in ihnen zu suhlen). Wenn du dir aber selbst auf die Nerven gehst, solltest du herausfinden, was dir hilft, um die Balance wiederzufinden.*

#74 Leg dir ein positives Mindset zu. *Glaub immer daran, dass dein Erfolg allein von deinem Einsatz abhängt. Hab keine Angst vor Fehlschlägen, sondern pack auch die schwierigsten Aufgaben an. Nach und nach wird es immer weniger Dinge geben, die du noch nicht kannst oder dir noch nicht zutraust. Ausdauer ist hier wichtiger als Talent!*

#75 Spring ab und zu über deinen Schatten *und brich aus deinen gewohnten Bahnen aus. Nur wenn du deine Komfortzone verlässt, kannst du etwas Neues erleben und herausfinden, was dein Leben dir alles zu bieten hat.*

#76 **Entwickle ein starkes Selbstbewusstsein,** *ohne arrogant zu werden. Verlier nicht die Bodenhaftung, sondern bleib immer offen für Kritik und andere Ansichten.*

#77 **Angst vor der Schule?** *Finde dich nicht damit ab, sondern mach dich auf die Suche nach der Ursache. Dann entscheide dich zusammen mit deinen Eltern oder Lehrern für die richtige Strategie. Sich Hilfe zu holen ist keine Schwäche!*

Mobbing

Streitereien zwischen Schülern sind im Grunde ganz normal und lassen sich meistens schnell wieder beilegen. Mobbing ist aber etwas anderes. Wenn jemand von einem anderen oder einer Gruppe immer wieder beleidigt, körperlich angegriffen oder um Geld erpresst wird, hört der Spaß auf. Eine weitere, nicht weniger üble Form des Mobbings ist es, Lügen und Gehässigkeiten zu verbreiten, um den Betroffenen auszugrenzen. Mobbing kann schlimme Folgen für die Betroffenen haben, Schlafprobleme, Bauchschmerzen und ein Leistungsabfall in der Schule sind nur einige davon.

Falls du selbst in der Schule gemobbt wirst, kannst du den Mobbern vielleicht den Wind aus den Segeln nehmen, wenn du auf ihre Schikanen gar nicht reagierst. Deine Angreifer erwarten nämlich eine Reaktion von dir, und wenn sie die nicht bekommen, verlieren sie bald vielleicht das Interesse. Mach dir klar, dass es nicht deine Schuld ist, sondern die Mobber mit sich selbst Probleme haben oder neidisch auf dich sind. Falls die Attacken aber weitergehen, sprich mit einem Lehrer und mit deinen Eltern. Du solltest dich außerdem an deine anderen Mitschüler wenden, die zwar nicht mitmachen, aber auch nicht aktiv für dich Partei ergreifen. Fordere sie auf, dich zu unterstützen und sich klar gegen die Angriffe auszusprechen. Genauso solltest auch du einen deutlichen Standpunkt vertreten, wenn du Mobbing gegen andere beobachtest. Mach dich nicht zum Mittäter, indem du schweigst.

Sich Hilfe holen, wenn alles aussichtslos erscheint

Du weißt nicht weiter, hast Probleme in der Schule, Stress zu Hause, Liebeskummer oder alles auf einmal? Wenn du richtig durchhängst und allein nicht wieder auf die Beine kommst, musst du dir Hilfe holen. Du kannst dich zum Beispiel an eine Vertrauensperson, den Schulpsychologen oder einen Kinder- und Jugendarzt wenden, wenn du meinst, dass du psychologische Hilfe gebrauchen könntest. Oft hilft es aber auch schon, mit jemandem zu sprechen.

Wenn du dich niemandem direkt und offen anvertrauen möchtest, kannst du ganz anonym und kostenlos das deutschlandweite Sorgentelefon anrufen. Unter der Nummer gegen Kummer 116 111 kannst du montags bis samstags zwischen 14 und 20 Uhr alle deine Sorgen loswerden. Dein Berater wird dir zuhören und versuchen, dir Tipps zu geben, damit du deine Probleme selbst lösen kannst. Falls das nicht reicht, kann er dir sagen, welche professionellen Hilfsangebote du in deiner Region findest.

#78 **Wehr dich gegen Mobbing in jeder Form.** *Zeig klare Kante gegen Mobber, egal ob du selbst betroffen bist oder jemand anders.*

#79 **Such dir (professionelle) Hilfe, wenn du allein nicht weiterweißt.** *Bei allen kleinen und großen Problemen kannst du die kostenlose Nummer gegen Kummer anrufen und dabei ganz anonym bleiben. Igel dich mit deinen Sorgen und Nöten nicht ein!*

Freizeit

(nicht nur chillen!)

Nachmittags nach der Schule

Die Schule ist vorbei und die Hausaufgaben sind erledigt. Jetzt möchtest du nur noch im Netz surfen, shoppen gehen, dich mit coolen Games beschäftigen oder einfach abhängen. Das ist auch in Ordnung, denn du brauchst deine Auszeiten. Aber einige deiner freien Nachmittage kannst du sinnvoller nutzen.
Freizeitangebote sind wichtig, weil du

- einen Ausgleich bekommst und von der Schule abschalten kannst,
- neue Freunde findest,
- deine kreativen Talente entdeckst,
- lernst, mit anderen im Team zu agieren und
- jede Menge Spaß haben kannst.

Du solltest nicht deine gesamte Freizeit durchplanen, aber suche dir zwei oder drei tolle Aktivitäten aus, die du dann auf Dauer betreibst. Du kannst Sport machen, eine Band gründen, dich bei einem Malkurs anmelden, Theater spielen, einen Kochkurs belegen, einen Nebenjob annehmen oder ehrenamtlich arbeiten. Informiere dich zuerst in deiner Schule, welche AGs es gibt. Denn da findest du kostenlose Angebote und musst deine Eltern nicht um Geld bitten. Tanzen, Schach, Basketball oder Schulchor– für dich ist bestimmt etwas dabei. Du kannst auch in Museen, Bibliotheken oder Theatern in deiner Stadt fragen, ob sie interessante Kurse anbieten. Dann gibt es noch die Volkshochschulen und die vielen karitativen Einrichtungen, die immer Helfer suchen. Du hast jetzt die Chance, auf verschiedenen Gebieten deine Talente und Interessen zu entdecken und herauszufinden, was dich begeistert. Das hilft dir nicht nur bei deiner späteren Berufswahl, sondern ist auch der Schlüssel zu einem erfüllten und zufriedenen Leben.

Vereinssport

Sport mit deinem Team im Verein macht besonders viel Spaß und ist im Vergleich zum Fitnessstudio oder anderen kommerziellen Angeboten auch noch kostengünstig. Hier hast du die Möglichkeit, viele neue Freunde zu finden, die zu einer zweiten Familie werden könnten. Hierzulande sind 27 Millionen Menschen Mitglied in einem der mehr als 91.000 Sportvereine. Du kannst in jedem Ort Fußball, Volleyball und Basketball spielen oder turnen, aber wenn du Glück hast, findest du auch in deiner Region ganz originelle Sportarten wie Trampolinspringen oder Wasserball. Wenn du dich einmal im Verein angemeldet hast, kannst du oft auch ohne Aufpreis vom einen zum anderen Angebot wechseln und in viele interessante Sportarten hineinschnuppern.

Vereinssport hat nur Vorteile für dich:

1. Integration

Jeder ist willkommen, es spielt keine Rolle, wo du herkommst, auf welche Schule du gehst, welche Hautfarbe du hast und wer deine Eltern sind.

2. Team

Es geht nicht nur ums Gewinnen, sondern um die Leistung im Team. Beim Vereinssport lernst du, mit anderen zusammen zu spielen, Rücksicht auf Schwächere zu nehmen und dich für die Mannschaft einzusetzen.

3. Gesundheit

Vereinssport tut dir physisch und psychisch gut. Du fühlst dich körperlich fit, gewinnst an Selbstvertrauen und bleibst psychisch ausgeglichen.

Kreative Hobbys

Es ist ein tolles Gefühl, sich über ein fertiges, selbst gemachtes Teil zu freuen. Ob du einen Schal strickst, einen Song schreibst, einen Lautsprecher baust oder deine Zimmerwand mit einem coolen Motiv bemalst, selbst wenn deine ersten Versuche nicht sofort perfekt sind, kannst du stolz auf dich sein. Während du kreativ bist, malst oder musizierst, tauchst du ganz in deine Welt ab, gerätst in eine Art Flow und vergisst für eine Weile deinen Schulstress und alle anderen Sorgen. Nebenbei findest du heraus, was du besonders gut kannst und was dir Spaß macht.

Suche dir ein kreatives Hobby, bei dem du dich richtig auf das Ergebnis freust. Überleg dir, mit welchen Techniken du schöne Sachen anfertigen kannst, die hinterher jemand benutzen möchte. Du kannst zum Beispiel Schälchen töpfern, aus denen du dein Müsli isst oder essbare Geschenke für deine Familie einkochen. Deine Verwandten freuen sich bestimmt auch über kunstvolle Fotodrucke oder eine selbst designte Halskette. Für den Anfang such dir ein Projekt aus, das schnell zum Erfolg führt und nicht schiefgehen kann. Wenn das geklappt hat, kannst du dich steigern und dir immer größere Herausforderungen zutrauen. Kostenlose Anleitungen und Tutorials für viele spannende Dinge findest du im Internet.

Dies sind die beliebtesten Kreativ-Hobbys bei Teenagern:

- Fotografie,
- Malen/ Zeichnen,
- Musizieren/ Komponieren,
- Basteln/ Werken,
- Schmuckdesign,
- Kochen/ Backen,
- Töpfern,
- Kreatives Schreiben,
- Stricken/ Häkeln,
- Nähen,
- Kerzenziehen.

Chillen

Chillen ist das allerliebste Hobby bei Teenagern, etwa 60 Prozent geben an, mehrmals in der Woche abzuhängen und einfach nichts zu tun. Du kannst es auch, es ist ganz leicht: Du brauchst nur ein Bett oder Sofa, bequeme Klamotten, Musik und vielleicht noch ein Handy oder Notebook. Dann liegst du einfach rum und bewegst höchstens noch deine Finger auf dem Touchpad. Ob du Musik streamst, chattest oder deinen Freunden Satzfragmente mit Emojis schickst, es darf dich bloß nicht geistig überfordern. Noch schöner wird es, wenn du zusammen mit Freunden chillst, ihr stundenlang irgendwo sitzt, über Gott und die Welt redet und gute Musik hört. Das gehört als Teenager einfach dazu, genieße diese Zeit!

Auch wenn es sämtliche Erwachsene um dich herum mächtig nervt, dass du nur noch rumhängst – chillen ist wichtig! Du brauchst deine Auszeiten. Druck und Leistungsgesellschaft waren gestern, du interessierst dich sowieso nicht für protzige Statussymbole. Du hast keine Lust, dich später bis zum Umfallen mit einem uninteressanten Job zu stressen, sondern willst lieber auf deine Work-Life-Balance achten. Das ist sehr vernünftig. Lass es alles gechillt angehen. Im Moment hängst du besonders oft ab, weil du noch etwas orientierungslos bist, und das ist auch völlig okay. In ein paar Jahren geht das vorbei, und du wirst dich für die eine oder andere Sache wieder motivieren können. Aber deine Grundhaltung darfst du dir bewahren: Vergiss das Chillen nicht, wenn du erwachsen wirst! Es schützt dich vor Burn-out, Herzinfarkt und vielen anderen schweren Krankheiten, die durch Stress verursacht werden.

Partys

Sei froh, dass du zum Feiern keine Anleitung brauchst. Du darfst zu privaten Partys bei deinen Freunden anziehen, was du willst, und dich ganz normal verhalten. Genieße die Zeit, in der du noch nicht zu offiziellen Firmenfeiern antreten und den Party-Knigge beachten musst. Oder gehörst du vielleicht zu den introvertierten Menschen, die auf Partys nicht so recht wissen, was sie tun und worüber sie mit anderen reden sollen?

Kein Problem, das kriegst du hin:

Verstell dich nicht

Versuch nicht, auf Partys den Entertainer zu geben, obwohl dir nicht danach ist. Wenn du zurückhaltend bist und dich lieber im Hintergrund hältst, ist das auch in Ordnung.

Hilf dem Gastgeber

Bist du auf einer Party, auf der du niemanden kennst, und weißt nicht, wohin mit dir? Dann frag den Gastgeber, ob du helfen kannst. Schnippele Salat oder serviere Getränke, Hauptsache, du sitzt nicht allein in einer Ecke und fühlst dich überflüssig.

Suche dir Gleichgesinnte

Sieh dich um, ob es noch andere gibt, die nicht im Mittelpunkt stehen, sondern sich etwas abseits halten. Dann setz dich zu ihnen und fang ein Gespräch an.

Gehe nach Hause, wenn du genug hast

Wenn du keine Lust mehr hast, dann zwing dich nicht ewig zu bleiben. Wer dich kennt, versteht dich, und was die anderen denken, ist nicht wichtig. Natürlich solltest du dich verabschieden und wenn es spät abends ist und du noch jung bist, dich auch z. B. von deinen Eltern abholen lassen.

Gehe in Gesellschaft aus

Je älter du wirst, desto mehr werdet ihr wahrscheinlich abseits der Partykeller der eigenen Eltern feiern gehen wollen. Gehe (wenn es so weit ist und du die Erlaubnis deiner Eltern hast) zu Events und neuen Orten am besten im Kreis deiner Freunde und nicht ganz allein. Dann hast du Ansprechpartner und ihr könnt aufeinander aufpassen, aber auch besser in der Gruppe neue Kontakte knüpfen.

Reisen

Reisen ist cool! Du kannst Fremdsprachen lernen, fremde Kulturen entdecken, ganz viele interessante Menschen treffen und eine Superzeit haben. Ab 14 kannst du schon allein auf Tour gehen, zumindest darfst du innerhalb Deutschlands in allen Zügen und Bussen ohne Begleitung fahren. Ins Ausland kannst du auch schon ohne deine Eltern, wenn du mit einer betreuten Jugendfreizeitgruppe reist. Deine Eltern, die weiterhin aufsichtspflichtig sind, müssen einen Vertrag mit dem Veranstalter unterschreiben und die Fürsorgepflicht auf die Betreuer übertragen.

Für Auslandsreisen brauchst du meistens einen Personalausweis oder Kinderreisepass. Außerdem musst du eine Auslandsreisekrankenversicherung abschließen und alle wichtigen Dokumente über deinen Gesundheitsstatus mitnehmen, zum Beispiel Impfpass, Blutgruppennachweis etc. Vielleicht organisierst du dir auch schon vor dem Reiseantritt eine SIM-Karte, mit der du von unterwegs günstig telefonieren kannst.

Jetzt kann es schon losgehen. Pass auf, dass du dich in anderen Ländern an die geltenden Gesetze hältst. Nicht überall darfst du schon mit 16 Bier trinken. In Großbritannien und Teilen Spaniens ist Alkohol in der Öffentlichkeit erst ab 18 erlaubt und in manchen Ländern darfst du abends nicht so lange ohne Begleitung ausgehen wie in Deutschland. Informiere dich genau über die geltenden Bestimmungen und benimm dich überall so rücksichtsvoll, wie auch du es dir von Gästen wünschen würdest.

#80 **Gönne dir Pausen zum Chillen,** *aber verbring nicht deine ganze Freizeit vor dem Bildschirm. Such dir zwei oder drei sinnvolle Hobbys, die dich langfristig begeistern.*

#81 **Melde dich im Sportverein an.** *Hier kannst du Spaß haben, dich fit und gesund halten und jede Menge neue Freunde finden. Es gibt hierzulande fast 87.000 Sportvereine!*

#82 **Suche dir ein kreatives Hobby und finde deine Leidenschaft.** *Setz für den Anfang auf einfache Techniken mit großer Wirkung. Mit der Zeit wirst du zum Profi und kannst kleine Kunstwerke gestalten.*

#83 **Wenn Erwachsene motzen,** *weil du nur noch abhängst, dann sag ihnen Folgendes: Chillen ist gesund und lebenswichtig. Sie sollen dich nicht in deiner meditativen Haltung stören, denn du sorgst gegen Herzinfarkt und Burn-out-Syndrom vor.*

#84 **Wenn du von einer Party, auf der du bist, genug hast, dann verabschiede dich.** *Versuche zwar generell, dich sozial zu integrieren, um nicht zum Außenseiter zu werden, allerdings solltest du auf deine Bedürfnisse hören. Manche haben von den vielen Eindrücken auf einer Party einfach schneller genug als andere und vielleicht gehörst du eben zu diesen Personen.*

#85 **Verreise, so oft du die Chance dazu hast.** *Damit deine Eltern sich keine Sorgen um dich machen, fahr mit einer betreuten Jugendgruppe los und sprich mit ihnen vorher über die Gesetze und Verhaltensregeln im Zielland.*

Nachhaltigkeit und soziales Engagement

Umwelt und nachhaltiges Leben

Jeder Mensch schädigt die Umwelt, allein weil er beim Atmen CO_2 ausstößt. Luftholen musst du natürlich, aber schon du allein kannst mit nachhaltigem Handeln sehr viel für eine positive Klimabilanz tun. Außerdem inspirierst du andere zu umweltfreundlichem Verhalten, wenn du mit gutem Beispiel vorangehst. Nachhaltig leben, das ist gar nicht so anstrengend, wie es klingt. Ändere einfach ein paar Kleinigkeiten in deinem Alltag.

1. Bringe eigene Verpackungen mit

Wann immer du einkaufen gehst, nimm dir einen Jutebeutel mit und kaufe keine Plastiktüten. Essen aus dem Restaurant kannst du dir in eine mitgebrachte Tupperdose füllen lassen, und für deinen Kaffee gibt es einen wiederverwendbaren Becher aus Kunststoff oder Metall. Du kannst sogar im Baumarkt lose Schrauben kaufen und in ein leeres Marmeladenglas stecken, werde kreativ, um Verpackungsmüll zu sparen!

2. Spare Wasser

Auch wenn es bei uns ganz selbstverständlich aus dem Hahn strömt – Wasser ist eine knappe Ressource, mit der du sparsam umgehen solltest. Achte immer darauf, dass bei alten Modellen der Wasserhahn richtig zugedreht ist und nicht tropft. Lass beim Zähneputzen nicht die ganze Zeit das Wasser laufen und versuche eher zu duschen statt regelmäßig die Badewanne mit Unmengen an Wasser zu füllen.

3. Verschwende keine Lebensmittel

Jedem passiert es hin und wieder, dass er zu viel eingekauft hat. Aber anstatt Lebensmittel wegzuwerfen, überlege dir mit deiner Familie, wie du sie konservieren oder anderweitig verwenden kannst. Viele Lebensmittel kannst du auch einfrieren und später aufbrauchen. Und bevor du Produkte mit abgelaufenem Mindesthaltbarkeitsdatum wegwirfst, nutze erst einmal deine Sinne, ob sie vielleicht doch noch gut sind.

4. Fahre Fahrrad

Für ein paar Meter musst du nicht immer in den Bus steigen oder dich mit dem Auto chauffieren lassen. Du lebst viel gesünder und nachhaltiger, wenn du öfter dein Fahrrad nutzt und an der frischen Luft bist.

5. Schalte Elektrogeräte aus

Lass nicht dauernd deine Geräte im Stand-by-Modus, sondern nehme sie ganz vom Netz, wenn du sie gerade nicht benutzt. Damit kannst du auf das Jahr gesehen schon einige Kilowattstunden an Energie einsparen.

#86 **Bemüh dich im Alltag um einen nachhaltigen Lebensstil:** *Vermeide Verpackungsmüll, spare Wasser und Strom und versuche, keine Lebensmittel zu verschwenden.*

Ehrenamtliche Arbeit

Abhängen ist schön, aber nicht andauernd. Mach auch etwas Sinnvolles in deiner Freizeit. Ehrenamtliche Helfer werden überall gebraucht: im Altenheim, bei der Essensausgabe der Tafel, bei der Freiwilligen Feuerwehr oder beim Deutschen Roten Kreuz. Wenn du dich ehrenamtlich engagierst, kannst du nur gewinnen. Du hast eine sinnvolle Aufgabe, sammelst Erfahrungen für dein späteres Leben und tust dir und anderen etwas Gutes. Später bei der Bewerbung um einen Job oder ein Stipendium hast du immer einen Vorteil, wenn in deinem Lebenslauf gemeinnützige Arbeit auftaucht. Aber das darf natürlich nicht der einzige Grund für deinen Einsatz sein, du solltest dich schon wirklich für die Menschen interessieren, um die du dich kümmerst. Du kannst im sozialen Bereich oder in der Rettungshilfe arbeiten, im Sportverein jüngere Mitglieder betreuen, dich aber auch für Umwelt- und Tierschutz engagieren. Frage zuerst bei Einrichtungen in deinem Ort, zum Beispiel im Tierheim oder bei den Pfadfindern. Daneben gibt es zahlreiche überregionale Organisationen, die du bestimmt auch in deiner Nähe findest.

Hier sind einige Ideen und Anlaufstellen für dich:

- Arbeiter-Samariter-Jugend (weitere Infos unter www.asb.de)
- Bundesjugendwerk der Arbeiterwohlfahrt (www.bundes-jugendwerk.de)
- Bundesverband der Bahnhofsmissionen (www.bahnhofs-mission.de)
- Johanniter-Jugend (www.johanniter.de/johanniter-unfall-hilfe/johanniter-jugend-miteinander-stark)
- Malteser Jugend (www.malteserjugend.de)
- Deutsches Rotes Kreuz (www.drk.de)
- Deutsche Tafel e. V. (/www.tafel.de)
- Caritas (www.caritas.de)
- Technisches Hilfswerk (www.thw-jugend.de)
- BUND (www.bundjugend.de)
- Greenpeace (www.greenpeace.de/engagieren/kids)
- Europarc (www.junior-ranger.de)

Horte nicht alles – trenne dich von Dingen

Wenn du zu viele Dinge hortest, kann dich dies bremsen und behindern. Denn du verlierst den Überblick und brauchst immer viel Zeit, um etwas zu finden. Du denkst andauernd, dass du erst noch dies oder das sortieren und aufräumen musst, bevor du mit etwas Wichtigem beginnen kannst. Diese Taktik führt direkt in die Aufschieberitis. Trenn dich von allen überflüssigen Dingen und du kannst dich wieder auf das Wesentliche konzentrieren. Außerdem schaffst du Platz für Neues. Denn alte Sachen, mit denen du Erinnerungen verbindest, halten dich in der Vergangenheit fest. Gegen ein wenig Nostalgie ist zwar nichts einzuwenden, du solltest aber hauptsächlich in der Gegenwart leben und dich auf die Zukunft freuen.

Gehe alle deine Sachen durch, und zwar jetzt und nicht erst morgen, und sortiere diese Dinge aus:

- alles, was nicht fertig ist und was du noch zu Ende bringen möchtest,
- Gegenstände, die nicht mehr funktionieren/ kaputt sind,
- Sachen, die du nicht benutzt,
- Dinge, die dir nicht gefallen,
- alle Teile, die keinen festen Platz haben, sondern in der Gegend herumliegen.

Nun kannst du wegwerfen oder verschenken, was du wirklich nicht mehr brauchst. Dann hast du wieder Platz in deinen Schränken und deinem Zimmer, dass du die paar Sachen, die du noch vollenden wirst und die bisher keinen Aufbewahrungsort hatten, ordentlich verstauen kannst. Außerdem wirst du nun den Kopf wieder frei haben für neue Aufgaben.

Müll trennen

Viele Verpackungsmaterialien können recycelt werden, zum Beispiel Glas, Metall, Kunststoff und Papier. Aber auch der Restmüll erfüllt noch einen Zweck, denn er dient als Brennmaterial zur Energiegewinnung. Nur wenn du deinen Müll richtig vorsortiert, kann die Müllabfuhr die Container direkt zu den richtigen Stellen fahren. Dein Verhalten trägt also entscheidend dazu bei, Ressourcen zu sparen.

Hierzulande gibt es fünf Tonnen, nämlich für Altglas, Papier, Biomüll, Restmüll und Kunststoff (Gelber Sack). Das weißt du doch schon alles? Stimmt, aber weißt du auch, wohin blaue Glasflaschen gehören, wo du benutzte Papiertaschentücher entsorgst und ob du den Deckel vom Marmeladenglas abschrauben musst?

Flaschen, die nicht braun oder weiß sind, gehören in den Grünglasbehälter, also auch die blauen. Denn nur im Grünglas sind Mischfarben enthalten, die anderen Glassorten sollen farbrein bleiben. Ein benutztes Taschentuch ist zwar aus Papier, aber gehört wegen der Verschmutzung nicht in den Altpapierbehälter, sondern in den Restmüll. Genauso darfst du Tetrapacks, die außen aus Pappe bestehen, aber innen beschichtet sind, nicht in der Papiertonne entsorgen. Um Deckel auf Gläsern oder Flaschenverschlüsse musst du dir keine Sorgen machen. Sie gehören zwar eigentlich in den gelben Sack, aber du darfst sie auch am Behälter lassen und alles in den Glascontainer stecken. Moderne Sortiermaschinen erkennen die Verschlüsse und sortieren sie automatisch aus. Jetzt bist du schon ein Profi in Sachen Mülltrennung, am besten erklärst du gleich auch deinen Eltern und Freunden, wie es richtig geht.

Vorsicht bei Fast-Fashion

Fast Fashion – schnelle Mode sieht zwar cool aus und ist sehr günstig, aber leider weder fair noch nachhaltig. Viele Firmen lassen billig in Bangladesch oder Pakistan produzieren. Da kostet die Arbeit wenig, deshalb kannst du hier ein T-Shirt für 7 Euro kaufen. Denk aber daran, dass es meistens jemand genäht hat, der weniger als 100 Euro im Monat verdient. Außerdem sind die Arbeitsbedingungen dort oft miserabel, die Näher arbeiten mehr als zehn Stunden am Tag und sind oft nicht vor giftigen Dämpfen geschützt, die beim Färben der Textilien entstehen. Nebenbei wird bei der Produktion von Kleidung massenhaft Wasser verbraucht, das andernorts knapp ist. Die angesagten Trendteile sind meistens von schlechter Qualität und halten nicht lange. Falls doch, sind sie trotzdem nach einer Saison schon wieder out. Dann landen die Textilien auf dem Müll und können kaum recycelt werden, da sie oft aus Kunststoffmischungen bestehen, die sich nicht wieder in ihre Einzelteile zerlegen lassen.

Klar möchtest du die neuesten Trends mitmachen und coole Klamotten haben. Das darfst du auch. Aber guck dich lieber in Secondhandshops und auf Flohmärkten nach tollen Teilen um. Da findest du Sachen, die niemand außer dir hat. Es ist doch sowieso ziemlich langweilig, wenn alle das Gleiche tragen. Und bei echten Vintage-Klamotten kannst du noch Qualität bekommen, die lange hält. Vielleicht bist du auch kreativ und kannst ein paar alte Sachen selbst aufpimpen. Oder du organisierst Tauschpartys mit deinen Freunden und ihr findet neue Besitzer für eure Sachen.

Wie gehe ich mit Krisen um?

Krisen erlebst nicht nur du, sondern jeder andere auch. Manchmal hast du einen Misserfolg, wirst zurückgewiesen oder verlierst einen nahestehenden Menschen. Die Frage ist, wie du damit umgehst. Lässt du dich völlig hängen und jammerst über dein Schicksal oder kämpfst du dich selbst wieder hoch und bist hinterher stärker als zuvor?

Frag dich zuerst, was du ändern kannst und was nicht. Akzeptiere alles, was du nicht beeinflussen kannst. Von diesem Ausgangspunkt aus musst du nun das Beste aus der Situation machen. Solange es dir seelisch nicht rundum gut geht, musst du besonders auf deinen Körper achtgeben. Gönn dir genug Schlaf, treibe Sport und nimm dir anschließend viel Zeit zum Entspannen. Vielleicht nimmst du ein Bad oder du machst einen langen Spaziergang in der Natur. Jetzt kannst du langsam damit anfangen, dich in die Vogelperspektive zu begeben und deine Situation objektiv zu betrachten. Vielleicht bekommst du Ideen, wie du deine Lage selbst verbessern könntest. In der Zwischenzeit geh unter Menschen, unternimm etwas mit Freunden und beschäftige dich mit deinen Lieblingshobbys. Nun hast du genug Kraft getankt und kannst mit vollem Einsatz dein nächstes Ziel ansteuern.

#87 **Suche dir ein Ehrenamt.** *Die Vorteile: Du lernst, Verantwortung zu übernehmen, erkennst deine Stärken, tust Gutes und sammelst Pluspunkte für dein späteres Ausbildungs- und Berufsleben.*

#88 **Trenne dich von zu viel Kram.** *Zu viel Ballast hält dich davon ab, dich auf das Wesentliche zu konzentrieren. Fang in deinem Zimmer damit an. Mit weniger Gepäck gehst du viel leichter durchs Leben. Minimalismus ist zu Recht ein großer Trend.*

#89 **Trenne deinen Müll.** *So erleichterst du das Recycling vieler Wertstoffe und verhinderst die Verschwendung wichtiger Ressourcen.*

#90 **Vermeide Fast Fashion, soweit es geht.** *Ab und zu ein angesagtes Teil zum Billigpreis zu kaufen, geht klar, aber nachhaltig und fair ist es nicht. Setz lieber auf langlebige Qualität oder suche dir coole Outfits im Secondhandshop oder tausche mit Freunden.*

#91 **Krisen erlebt jeder, auch du.** *Wichtig ist, dass du den Glauben an dich selbst nicht verlierst und die Dinge, die sich nicht ändern lassen, akzeptierst. Dann kannst du aus jeder Lebenslage das Beste machen und nach einem Misserfolg bald wieder durchstarten.*

Dein Zuhause

Mein Zimmer, mein eigenes Reich

Jedes Kind ab dem Säuglingsalter hat das Recht auf ein eigenes Zimmer, das haben deutsche Gerichte entschieden. Und in deinem Alter ist dir deine Privatsphäre ganz besonders heilig. Dein Zimmer ist gleichzeitig dein Schlafzimmer, Arbeitszimmer und eine Art Wohnzimmer, in dem dich deine Freunde besuchen. Deshalb möchtest du dich darin wohlfühlen, und es sollte einen coolen Style haben, der auch anderen gefällt.

Deine Eltern verstehen bestimmt, dass du bei der Gestaltung deines Zimmers das Sagen haben möchtest. Aber wenn du deine eigenen Wünsche umsetzt, solltest du auch schon so viel wie möglich selbst machen. Kannst du Wände streichen? Probier es aus und hol dir notfalls Freunde oder ältere Geschwister zur Hilfe. Vielleicht möchtest du Wandanstriche in verschiedenen Farben oder eine Fototapete anbringen. Deiner Kreativität sind keine Grenzen gesetzt. Falls du handwerklich nicht so geschickt bist, kannst du dich auch für Wandtattoos entscheiden. Damit setzt du individuelle Akzente und kannst die Motive nach einiger Zeit wieder auswechseln, wenn sich dein Geschmack ändert.

Beim Einrichten musst du daran denken, dass du ganz viel Stauraum brauchst. Neben Bett und Schreibtisch sind Schränke, Regale und Schubladen jetzt das Wichtigste. Denn alle deine Kleider und die vielen Sachen, die du für deine Hobbys brauchst, sollen einen festen Platz bekommen und nicht überall herumliegen. Wenn du dann noch leere Flächen hast, kannst du dich richtig austoben und dir noch Kleinmöbel, Pflanzen, Stehlampen und tolle Dekoartikel anschaffen. Am schönsten sind selbst gemachte Sachen, die vielleicht auch eine Bedeutung für dich haben. Frag am besten deine Verwandten, ob sie etwas abzugeben haben, und dann starte dein Projekt.

Ordnung halten

Ordnung ist das halbe Leben – findest du den Spruch total blöd und nervig? Verstehst du absolut nicht, warum du die Hälfte deiner wertvollen Lebenszeit mit öden Aufräumarbeiten verbringen solltest? Das sollst du auch nicht. Aber wenn um dich herum Chaos herrscht, hat auch dein Kopf Schwierigkeiten, sich zu konzentrieren. Alles, was unerledigt herumliegt, kann dich vom Denken ablenken und dich aufhalten.

Deshalb solltest du Voraussetzungen schaffen, unter denen es dir leichtfällt, Ordnung zu halten. Wenn du einmal ein ordentliches Zimmer hast, musst du nur noch darauf achten, dass es so bleibt. Dann liegt da kein Berg mehr von unaufgeräumten Sachen herum, der dich immer wieder davon abhält, mit dem Lernen oder anderen sinnvollen Beschäftigungen anzufangen. Organisation ist alles: Schaff dir nicht mehr Sachen an, als du wirklich benutzt und unterbringen kannst. Sorg für ausreichenden Lagerplatz und leg jedes Ding an seinen festen Ort. Dann halte dir jeden Tag zu einer festen Zeit zehn Minuten zum Aufräumen frei. Wenn du jetzt auch noch alle paar Wochen entrümpelst, hast du dein Zimmer jederzeit voll im Griff und wirst du darin insgesamt wohler fühlen!

Verantwortung übernehmen

Je früher du lernst, Verantwortung zu übernehmen, desto besser. Denn es dauert nicht mehr lange, bis du allein lebst und ins Studium oder den Beruf einsteigst. Bis dahin solltest du in der Lage sein, deine Aufgaben selbstständig zu bewältigen und für die Konsequenzen deiner Handlungen einzustehen. Noch musst du nicht perfekt sein und kannst auch bei jedem Problem deine Eltern um Hilfe und Rat bitten. Aber auf einigen Gebieten kannst du schon versuchen, Aufgaben komplett in Eigenregie zu erledigen.

Haustiere

Übernimm zum Beispiel die Fütterung und Pflege eines Haustiers. Zeig deinen Eltern, dass sie sich auf dich verlassen können. Du denkst ab jetzt immer selbst daran, wann die Katze fressen muss und ein frisches Katzenklo braucht. Falls die Katze einmal krank ist, besprich dich mit deinen Eltern. Aber zum Tierarzt bringen kannst du sie auch schon allein.

Schulsachen und Hausaufgaben

Erledige deine Hausaufgaben selbstständig, sodass deine Eltern dich nicht mehr kontrollieren müssen. Pack auch deine Schultasche immer rechtzeitig, damit du immer alle nötigen Bücher und Hefte dabei hast.

Zimmer

In deinem Zimmer bist du dein eigener Chef, also bist du auch für das Aufräumen und Saubermachen zuständig.

Kleidung

Um deine Wäsche kannst du dich auch schon selbst kümmern. Vielleicht brauchst du noch etwas Anleitung, um empfindliche Kleidungsstücke nicht einlaufen zu lassen. Aber nach einer Weile kriegst du das allein hin.

Mobilität

Müssen dich deine Eltern dauernd irgendwo hinfahren oder abholen? Den Service brauchst du bis auf Ausnahmen nicht mehr. Such dir selbst deine Bus- und Bahnverbindungen heraus oder setz dich auf dein Fahrrad. Sprich dich hier aber mit deinen Eltern ab.

Bei Hausarbeiten helfen

Wenn dich deine Eltern um Mithilfe im Haushalt bitten, dann motz nicht und verlange keine Belohnung dafür. In deinem Alter kannst du theoretisch die meisten Hausarbeiten erledigen, auch wenn du bestimmt noch Übung brauchst. Fliesen und Spiegel so zu putzen, dass sie hinterher keine Streifen haben, ist wirklich nicht einfach. Und du lernst erst mit der Zeit, auch den Schmutz in den Ecken und hinter den Möbelstücken aufzuspüren, den du mit bloßem Auge nicht gleich siehst. Mach zusammen mit deinen Eltern und Geschwistern einen Plan, legt genau fest, wann geputzt wird und wer wofür zuständig ist. Dann arbeitet zusammen und habt möglichst viel Spaß. Streamt dabei gute Musik auf oder hört euch ein spannendes Hörbuch an. Hausputz muss keine Quälerei sein, ihr könnt ein Event daraus machen!

Dies alles kannst du schon:

- Mülleimer ausleeren,
- Tisch decken und abräumen,
- Geschirr ein- und ausräumen,
- Schuhe putzen,
- Badezimmer reinigen,
- Spiegel putzen,
- Boden fegen und wischen,
- Staubwischen auf Möbeln,
- Staub saugen,
- Bettwäsche wechseln,
- Wäsche waschen, aufhängen und zusammenlegen,
- einfache Gerichte kochen,
- Rasen mähen und
- auf jüngere Geschwister aufpassen.

#92 **Richte dein Zimmer so ein, dass du dich darin wohlfühlst** *und auch gern deine Freunde einlädst. Bei der Gestaltung und Dekoration kannst du dich richtig austoben und deine kreativen Talente entdecken.*

#93 **Halte dein Zimmer in Ordnung,** *damit du dich auf die wesentlichen Dinge konzentrieren kannst. Wenn du einmal richtig aufgeräumt hast, brauchst du nur höchstens zehn Minuten am Tag, damit es ordentlich bleibt.*

#94 **Übernimm Verantwortung für bestimmte Bereiche:** *Kümmer dich allein um ein Haustier, erledige deine Hausaufgaben in Eigenregie und wasch z. B. deine Wäsche. So entlastest du nicht nur deine Eltern, sondern machst auch einen wichtigen Schritt in Richtung Selbstständigkeit.*

#95 **Hilf deinen Eltern bei der Hausarbeit.** *Arbeitet zusammen, streamt gute Musik oder spannende Hörbücher und macht den Hausputz zum Event.*

Drogen und Abhängigkeiten

Welche Süchte gibt es?

Nicht nur Alkohol, Zigaretten und illegale Drogen können süchtig machen, es gibt auch die Kaufsucht, Esssucht, Magersucht, Spielsucht, Internetsucht und zahlreiche mehr. Manche Süchte beziehen sich auf bestimmte Substanzen, an die der Körper sich gewöhnt und die er dann regelmäßig braucht, um nicht mit Entzugserscheinungen zu reagieren. Bei anderen kann eine Person ein bestimmtes schädliches Verhalten nicht mehr ablegen, sie kauft dann unnützes Zeug, hungert sich extrem ab oder kommt von Onlinegames nicht los.

Jeder Süchtige braucht Hilfe, denn eine Sucht allein zu besiegen, ist wahnsinnig schwierig. Das Hauptproblem ist aber, dass sich die meisten Süchtigen selbst ihrer Abhängigkeit gar nicht bewusst sind. Sie sagen sich, dass sie jederzeit mit dem Rauchen, Trinken oder Gaming aufhören könnten und es auch gleich morgen tun werden. Auch wer magersüchtig ist, findet seine Dauerdiät völlig in Ordnung, weil er sich selbst falsch wahrnimmt und für viel zu dick hält.

Typische Anzeichen für eine Sucht sind,

- dass jemand zwanghaft nach seinem Suchtmittel strebt,
- seinen Konsum nicht mehr kontrollieren und beenden kann,
- seine sonstigen Interessen vernachlässigt und
- sich plötzlich in der Schule verschlechtert oder Ausfallerscheinungen hat.

Wenn du an dir Anzeichen für eine Sucht bemerkst, wende dich an eine Vertrauensperson, einen Arzt oder an eine Suchtberatungsstelle. Bleib mit deinen Sorgen nicht allein!

Alkohol

Alkohol ist in den meisten Ländern der westlichen Welt leider eine „sozial akzeptierte Droge“ dennoch oder gerade deswegen sterben bei uns jährlich etliche tausend Menschen an den Folgen eines chronischen Konsums. Auf einer Party mal ein Bier zu trinken kann, wenn du mal älter bist und auch offiziell Alkohol trinken darfst, zwar in Ordnung sein, dennoch solltest du Alkohol nicht unterschätzen. Alkohol kann zudem besonders tückisch sein, denn man kann leider auch in eine Sucht rutschen, wenn man zwar wenig trinkt, aber dafür regelmäßig. Man darf nicht vergessen, dass Alkohol eine Art „Zellgift“ ist. Zudem kann ein akuter Rausch gerade für den Körper und das Gehirn eines Teenagers, die sich noch in der Entwicklung befinden, gravierende Folgen haben und erheblich schaden. Wenn du oder jemand anderes generell auf Alkohol verzichten möchte, ist das auch völlig in Ordnung und niemand sollte sich dafür rechtfertigen müssen.

Nikotin

Nikotin ist eigentlich ein Abwehrgift, mit dem sich die Tabakpflanze vor Schädlingen schützt. Dieses Nervengift kommt schon nach wenigen Sekunden im Gehirn an und kann entweder entspannend oder aufputschend wirken. Dass Rauchen extrem schädlich für deinen Körper ist, vor allem für Lunge und Herz, weißt du sicher schon. Warum also solltest du überhaupt damit anfangen? Die ersten Zigaretten schmecken überhaupt nicht. Wenn du einmal an einer Zigarette gezogen und den Geschmack widerlich gefunden hast, dann belasse es bei dieser Erinnerung. Auch von vermeintlich „gesünderen" Alternativen wie der E-Zigarette solltest du die Finger lassen.

Cannabis

Cannabisprodukte, also Haschisch und Marihuana, gelten fälschlicherweise als weitestgehend harmlos. Es stimmt zwar, dass Cannabis vielseitig in der Medizin eingesetzt werden kann, zum Beispiel, um Schmerzen zu lindern, aber das macht Cannabis als Droge nicht weniger gefährlich. Regelmäßiger Haschischkonsum kann trotzdem gefährlich werden, speziell für junge Menschen. Cannabis ist eine psychoaktive Substanz, sie wirkt auf den Stoffwechsel des Gehirns ein. Gerade in deiner jetzigen Phase, in der du so viele neue Erfahrungen sammeln musst, kann die Droge deine Wahrnehmung vernebeln, sodass du das Wichtigste verpasst. Außerdem macht Cannabis zwar nicht so stark körperlich abhängig wie Nikotin, dafür ist aber die psychische Abhängigkeit nicht zu unterschätzen. Auch auf diese Droge solltest du verzichten!

Ecstasy

Ecstasy ist eine synthetisch hergestellte Substanz, die sehr gefährlich ist und deren Konsum bis hin zum Tod führen kann. Sie putscht auf, sodass jemand z. B. stundenlang durchtanzen kann oder sich anders leistungsfähig fühlt. Man wird angstfrei und glaubt sich entspannen zu können. Das ist zwar ein schönes Gefühl, aber die Risiken von Ecstasy und ähnlichen Substanzen sind viel zu gefährlich und niemand sollte eine solche Droge zu sich nehmen. Beim Tanzen vergessen manche, genug zu trinken oder Pausen einzulegen, sodass selbst bei jugendlichen Konsumenten häufig Hitzschläge und Herzstillstände auftreten. Ein weiteres Risiko sind unvorhersehbare Halluzinationen. Und je häufiger Ecstasy konsumierst wird, desto größer wird das Risiko, dass man depressiv wird. Anstatt nächtelang durchzufeiern, sollte man drogenfrei lieber nur eine Nacht tanzen und den nächsten Tag verschlafen. In deinem Alter hast du noch unendlich viele Partys vor dir, du musst nicht alle jetzt sofort feiern. Und schon gar nicht mit solch gefährlichen Drogen!

Gaming-/Videospielsucht

Spielsucht tritt in unterschiedlichen Formen auf, manche verdaddeln ihr ganzes Geld in Casinos oder Spielautomaten, aber die angesagteste Variante ist das Gaming am eigenen PC. Besonders die aufwendigen Online-Rollenspiele bergen ein sehr hohes Suchtpotenzial, sie ziehen dich in eine andere Welt, aus der du nicht auftauchen möchtest. Wenn du aber tagelang vor dem Bildschirm hockst, wirst du zum Einsiedler, vernachlässigst Freunde und deine anderen Interessen. Sobald dich die Spielerei davon abhält, regelmäßig zu essen und zu duschen, oder du bereits Freunde oder Freundinnen deswegen verloren hast, solltest du spätestens die Notbremse ziehen. Spielsucht ist ebenso therapierbar wie die Sucht nach Alkohol oder Drogen. Betroffene müssen nur irgendwann den Mut finden, sich Hilfe zu suchen.

Skurrile Fakten zum Teenageralter

Hierzulande leben 13,7 Millionen Kinder und Jugendliche, das entspricht ungefähr der Einwohnerzahl von Bayern. Insgesamt machen Menschen unter 18 sogar einen Anteil von 30 % der Weltbevölkerung aus. Die Vereinten Nationen definieren Jugend als das Alter von 15 bis 24 Jahren, und das trifft derzeit auf 1,2 Milliarden Menschen auf der Erde zu. Wusstest du aber, dass einzelne Länder die Altersgrenzen ganz unterschiedlich ziehen? In Indien gelten beispielsweise alle Menschen zwischen 15 und 29 Jahren als jugendlich, in Nigeria reicht die Jugend von 18 bis 35 Jahren.

Hier sind ein paar Fakten, die dich bestimmt auch überraschen:

Während der Pubertät wächst du jedes Jahr bis zu 10 cm und wirst bis zu 8 kg schwerer.

Bei Jungen verdoppeln sich in dieser Phase die Muskelzellen.

Pro Sekunde sterben im Gehirn eines Teenagers ca. 30.000 Nervenverbindungen ab. Insgesamt sind es Milliarden von Zellen, denen dies passiert. Aber keine Sorge, gleichzeitig bilden sich neue Verknüpfungen.

Diese Umbauarbeiten im Gehirn haben zwar viele Nachteile von Stimmungsschwankungen bis Null-Bock-Phase, aber auch einen riesigen Vorteil: Teenager probieren noch öfter Neues aus und sind kreativer und origineller als Erwachsene.

Jugendliche haben noch deutlich weniger Dopaminrezeptoren als Erwachsene. Das sind die Stellen, an denen sich das Glückshormon Dopamin andocken kann. Deshalb können sich Teenager nicht so leicht glücklich fühlen, sondern sind ständig auf der Suche nach dem Kick.

#96 **Pass auf, dass du nicht in eine Sucht hineinschlitterst,** *denn du kannst nur sehr schwer wieder herauskommen. Der erste und oft schwierigste Schritt ist, dir klar einzugestehen, dass du von etwas abhängig bist. Erst wenn du das geschafft hast, kannst du mit professioneller Hilfe „clean" werden.*

#97 **Lass dich von anderen nicht zu Dingen verleiten,** *nur weil sie vermeintlich „cool" sind. Wenn du keinen Alkohol trinken möchtest, dann steh dazu, du hast alles Recht darauf, dich und deinen Körper zu schützen.*

#98 **Lass dich nicht vom Gruppenzwang verleiten Dinge zu tun, die du eigentlich nicht möchtest.** *Wer dich nur mag, wenn du keine eigene Meinung hast und das tust was er will, ist nicht wirklich dein Freund/deine Freundin.*

#99 **Finger weg von Ecstasy und anderen Drogen!** *Partymachen ist keine Challenge, und wenn du müde wirst, geh einfach ins Bett. Morgen ist die nächste Party und es wird noch viele, viele in deinem Leben geben. Drogen sind kein Spaß und du solltest hier keine Kompromisse machen und klar Nein sagen, wenn jemand dich dazu verleiten will.*

#100 **Beobachte dein Spielverhalten und die Zeit, die du vorm Rechner sitzt,** *denn Online-Games können schnell süchtig machen. Wer so viel spielt, dass er alles andere vernachlässigt, vereinsamt. Sobald du die Kontrolle verlierst, solltest du dir Hilfe suchen und nicht damit allein bleiben!*

#101 **Nutze jetzt dein enormes kreatives Potenzial für tolle Projekte.** *Als Teenager bist du wegen der Umbauarbeiten im Gehirn noch origineller als Erwachsene und kannst viel Neues ausprobieren. Nutze diese unbeschwerten Jahre, um herauszufinden, wer du bist und wo du hinwillst!*

Nachwort

Nun weißt du (fast) alles, um sämtliche Herausforderungen eines Teenagers zu meistern und die Zeit bis zum 18. Geburtstag zu überstehen. Und dann wirst du von einem auf den anderen Tag so richtig erwachsen sein. Nein, das stimmt nicht ganz. Diese Phase geht nicht automatisch zu Ende, nur weil du volljährig wirst. Dann darfst du zwar alle wichtigen Entscheidungen selbst treffen, aber deine körperliche und geistige Entwicklung geht immer noch weiter. Körperlich sind Jungen etwa mit 19, Mädchen oft schon mit 17 ausgewachsen. Aber bis das Gehirn vollständig ausgebildet ist, musst du bestimmt noch bis zum 21. Geburtstag warten. Speziell bei Jungen kann es sogar noch etwas länger dauern. Erst mit 24 oder 25 bist du garantiert ausgereift.

Dauert dir das zu lange? Warum denn? Du musst dich mit dem Erwachsenwerden überhaupt nicht beeilen. Genieße lieber die Phase, in der du noch nicht voll in der Verantwortung stehst. Als Teenager hast du noch alle Chancen, darfst verschiedene Dinge ausprobieren und dabei sogar noch Fehler machen. Nutze diese Zeit, sammle so viele Erfahrungen wie möglich, geh auf Reisen, wenn du kannst, lern die unterschiedlichsten Leute kennen und verlier niemals deine jugendliche Neugier und Begeisterungsfähigkeit. Jung zu sein, hat viele gute Seiten, auch wenn sie dir im Moment vielleicht nicht alle bewusst sind. Du bist jetzt noch besonders kreativ, hast die schrägsten Ideen und kannst dich für alle möglichen Dinge begeistern, die Erwachsene in ihrem Alltagstrott gar nicht mehr wahrnehmen.

Ein kluger Mensch hat einmal gesagt: „Jeder, der sich die Fähigkeit erhält, Schönes zu erkennen, wird nie alt werden." (Franz Kafka). Wenn du weiterhin Spaß am Spielen und Entdecken hast, regelmäßig chillst, auf alle Partys gehst, auf die du Lust hast und viel und oft lachst, kann dein Leben auch nach dieser spannenden Zeit nur super laufen!

Impressum

Autor wird vertreten durch:
Demet Aslim
Mauritiussteinweg 96
50676 Köln

Kontakt: info@erfuellteres-leben.de

ISBN E-Book: 978-3-9824648-3-1
ISBN Hardcover: 978-3-9824648-5-5
ISBN Taschenbuch: 978-3-9824648-4-8

Coverdesign und Buchsatz: Sprudelkopf Design – Jasmin Raif,
www.sprudelkoepfe.com
Umschlagmotiv und Abbildungen: iStockphoto © gadost, © -ALINA-, © Vik_Y,
© gorbachlena, © OlgaLIS, © Devita ayu Silvianingtyas
Illustrationen Innenteil Fiverr: ayasuarjaya
Lektorat: Tina Müller – tina-mueller.com

Jahr der Veröffentlichung: 2023

Verantwortlich für den Druck: Amazon Distribution GmbH, Leipzig

Haftungsausschluss

Dieses Buch wurde mit Sorgfalt erstellt. Es kann keine Garantie oder Gewähr für die Vollständigkeit, Aktualität und Richtigkeit der Inhalte übernommen werden. Der Inhalt dient der Unterhaltung und sollte nicht mit medizinischen Erkenntnissen oder medizinischem Rat verwechselt werden. Die Benutzung dieses Buches und die Umsetzung der Informationen erfolgt ausdrücklich auf eigenes Risiko. Haftungsansprüche gegen den Autor für Schäden materieller oder ideeller Art, die durch die Nutzung oder Nichtnutzung der Informationen bzw. durch die Nutzung fehlerhafter und/oder unvollständiger Informationen verursacht wurden, sind grundsätzlich ausgeschlossen. Rechts- und Schadenersatzansprüche sind daher ausgeschlossen.

Printed in Poland
by Amazon Fulfillment
Poland Sp. z o.o., Wrocław

33637358R00099